Sauer Helga
2007

Agnes Ebhardt / Frauke Ebhardt

Neue fröhliche Wege aus der Dyskalkulie

Erfolgreiche Hilfe bei Rechenschwäche und Möglichkeiten zur spielerischen Vorbeugung

Danksagung

Für ihre freundliche, uneigennützige Hilfe bei der Entstehung dieses Buches danken wir Dr. Karl Gebauer, Ingrid Mengert, Edith Hansen, Luise Lohkamp, Hermann Ebhardt und allen beteiligten Schülern von Herzen!

Agnes und Frauke Ebhardt

Agnes Ebhardt / Frauke Ebhardt

Neue fröhliche Wege aus der Dyskalkulie

Erfolgreiche Hilfe bei Rechenschwäche und Möglichkeiten zur spielerischen Vorbeugung

verlag modernes lernen - Dortmund

Titelfoto: Luise Lohkamp
Gesamtherstellung: Löer Druck GmbH, Dortmund

Bestell-Nr. 1200 ISBN 3-8080-0563-7

Inhalt

Vorwort

Das Haupterfahrungsfeld für Kinder ist und bleibt das Spiel. Wird diese Betätigungsmöglichkeit eingeschränkt, kommt es in der Folge zu Entwicklungsdefiziten im gesamten Bereich der basalen Wahrnehmungsfähigkeit. Voraussetzung für Spielfähigkeit ist ein körperliches und seelisches Wohlbefinden, das abhängig ist von Geborgenheits- und Sicherheitserfahrungen. Hier liegt die Hauptaufgabe von Eltern, Erzieherinnen und Lehrern, wenn es darum geht, die Grundlagen für eine erfolgreiche Bildung zu legen. Den Erwachsenen kommt vor allem die Aufgabe zu, die Lebenswelt der Kinder so zu gestalten, dass sie entwicklungsspezifische Erfahrungen ermöglicht. Damit Kinder ihre Welt wahrnehmen und gestalten können, brauchen sie Menschen, die ihnen Anregungen zum Entdecken und Ausprobieren geben. Nur durch die eigene Erfahrung, selbst etwas bewirken und gestalten zu können (Selbstwirksamkeitserfahrung), entwickeln sich im kindlichen Gehirn Selbstmotivation und Entdekkerfreude. Lassen sich Eltern, Erzieherinnen und Lehrer auf das Spiel und die damit verbundenen Entdeckungen der Kinder ein, so werden sie etwas von der inneren Erfahrungswelt der Kinder wahrnehmen. Die Kinder wiederum spüren durch die Resonanz, die sie von einfühlsamen Erwachsenen erfahren, dass ihr Tun eine Bedeutung hat.

Damit Lernen in den unterschiedlichsten Zusammenhängen gelingt, brauchen Kinder die grundlegenden Erfahrungen von Geborgenheit, Selbstwirksamkeit und Bedeutsamkeit. So entsteht Selbstvertrauen. Wenn ein Kind im Verlauf seiner Entwicklung nur begrenzt diese wichtigen Erfahrungen sammeln konnte, dann können die damit verbundenen Defizite besonders gut durch Menschen ausgeglichen werden, die sich einem Kind emotional zuwenden und ihm durch entsprechende Angebote eine Chance zur nachholenden Entwicklung geben.

Agnes Ebhardt (Dyskalkulietherapeutin) und Frauke Ebhardt (Ergotherapeutin) verweisen in dieser Publikation nicht nur auf Zusammenhänge zwischen Körpererfahrungen und kognitiver Entwicklung, sondern geben Eltern, Lehrern und Erzieherinnen eine Fülle konkreter Anregungen, mit denen es möglich ist, Kinder mit Lernproblemen im mathematischen Bereich zu unterstützen.

Dr. Karl Gebauer

Einleitung

„Die universale Ordnung schafft uns die Möglichkeit, uns so zu entfalten, dass wir lernen mit unserem Schicksal umzugehen.“ (Michel de Montaigne, 1533-1592)

Montaigne sah gewiss mit Recht die Natur als unsere Lehrmeisterin, denn wir Menschen stehen alle inmitten einer Welt voller natürlicher Gesetzmäßigkeiten. So lange diese und der liebevolle unmittelbare Umgang mit vertrauten Personen von klein auf erfahrbar werden, können wir uns in umfassender Weise entfalten. Neugier und Entdeckerfreuden werden uns als Herausforderung mitgegeben, um das wunderbare Potential an körperlichen, geistigen, seelischen und moralischen Kräften aktivieren zu können und uns so mit Freude am spielerischen Lernen zu einem ganzheitlichen, lebensfrohen Menschen zu entwickeln.

In unserer zunehmend technisierten Welt, in der sich so vieles durch Knopfdruck regeln lässt, in der Kinder von den Bildern und Klängen virtueller Scheinwelten überflutet werden, verlieren diese kleinen Menschen irgendwann die Fähigkeit eigene kreative Kräfte zu entfalten, eigene innere Bilder zu entwickeln. Fantasie und Vorstellungskraft erlahmen. Natürliche Gesetzmäßigkeiten werden von den Kindern unserer Zeit zu selten unmittelbar erfahren. Dieser Mangel an selbst gemachten Erfahrungen kann zu Entwicklungsdefiziten im Gehirn führen und damit auch zu Teilleistungsstörungen wie einer Dyskalkulie oder einer Legasthenie.

Der Pädagoge Dr. Karl Gebauer und der Hirnforscher Professor Gerald Hüther beschreiben als Herausgeber des Buches „Kinder brauchen Spielräume“, 2003, und in anderen ihrer zahlreichen Publikationen die Ursachen und Hintergründe derartiger Entwicklungsdefizite und wie man diesen aus den verschiedensten Perspektiven begegnen kann.

Der Weg zu einer gelingenden Entwicklung liegt demnach in der Schaffung vielfältiger Spielmöglichkeiten. Kinder brauchen Spielräume, in denen sie eigene Erfahrungen machen können. Da die

Welt des Spiels für viele Kinder unserer Zeit sehr eingeschränkt ist, müssen Eltern, Erzieher und Pädagogen ganz bewusst für Ausgleichsmöglichkeiten sorgen.

Als Autoren möchten wir uns, auch aufgrund jahrelanger eigener Beobachtungen, in dem hier vorliegenden Buch vor allem der Aufarbeitung von Entwicklungsdefiziten im Gehirn widmen. Die Anzahl der Kinder mit Teilleistungsstörungen wächst stetig. Damit steigert sich einerseits die Dringlichkeit, diesen Schülern aus ihrer misslichen Lage herauszuhelfen und andererseits Kinder von klein auf durch vielseitige Anregungen zum Spiel zu einer reichen inneren Erfahrungswelt zu verhelfen.

Um Ihnen die oft hilflose Situation rechenschwacher Kinder zu verdeutlichen, erzähle ich Ihnen „Die Geschichte vom Suppentopf".

Die Geschichte vom Suppentopf

Ein junges Mädchen möchte eine Suppe kochen. Es kauft die nötigen Zutaten und legt sie bereit. Heute darf es allein in der Küche wirtschaften und freut sich schon darauf, seine Eltern mit einem neuen Rezept für Tomatensuppe zu überraschen. Der wohl ausgerüstete, saubere Herd steht funktionsbereit da.
Mit einem heißen Schrecken stellt es jedoch fest, dass ihm kein Topf zur Verfügung steht! Die Suppe kann jetzt nicht gekocht werden.

Diesen Schrecken über den fehlenden Suppentopf erleben die meisten Kinder mit einer Dyskalkulie, sobald sie sich mit Mathematik, Raum und Zeit beschäftigen müssen. Bei ihnen haben sich bestimmte Zentren im Gehirn nicht so weit entwickelt, dass sie im harmonischen Zusammenspiel mathematische Denkleistungen vollbringen können. Die Schüler tappen in dunkle Löcher, sind unglücklich, voller Angst und oft verzweifelt. Ist es da nicht verständlich, dass sie alles, was mit dem Fach Mathematik zu tun hat, am liebsten meiden möchten?
Da es sich jedoch beim Rechnen um eine unumgängliche Kulturtechnik handelt, lautet die Devise:

Heraus aus dem Vermeidungsverhalten!

Ein gesundes Selbstwertgefühl bildet die Basis auch für Schulerfolge. Das Selbstbild eines Kindes wird geprägt durch die Reaktionen seiner Bezugspersonen, die es spüren lassen, ob es willkommen ist oder nicht. Durch einen Mangel an emotionaler Zuwendung in der frühen Kindheit kann es dazu kommen, dass sich die emotionale Bindung an primäre Bezugspersonen nur unzureichend entwikkelt. Diese Kinder „sind gezwungen, den daraus resultierenden Mangel an emotionaler Sicherheit durch verstärkte Selbstbezogenheit zu kompensieren. So schaffen sie sich eine eigene, von ihnen selbst bestimmte Lebenswelt und schirmen sich gegenüber fremden Einflüssen und Anregungen ab, die nicht mit ihren Vorstellungen übereinstimmen. In dieser Welt gibt es keine wirklichen Herausforderungen mehr. Es können keine vielfältigen neuen Erfahrungen gemacht und im sich entwickelnden Gehirn verankert werden. Wichtige Entwicklungsprozesse im kindlichen Gehirn finden nicht mehr oder nur eingeschränkt statt. Für das Lernverhalten der Kinder bedeutet dies ein Rückgang an Motivation, Verstehen, Behalten, Erinnern, Erkennen von Zusammenhängen und eine eingeschränkte Fähigkeit beim Erkennen und Lösen von Konflikten.“ (K. Gebauer/G. Hüther, Kinder brauchen Wurzeln, 2001 S. 8/9).

Erlebt ein Schulkind durch eine Dyskalkulie fortgesetzt Misserfolge und wird es von dem bemühten aber erfolglosen Lehrer innerlich oder auch offensichtlich abgelehnt und dann noch von den Klassenkameraden gehänselt oder ausgelacht, so sinkt das Selbstwertgefühl des Kindes erheblich. Es kann im Leistungswettbewerb der Klasse selbst bei größter Anstrengung nicht mithalten. Die übermächtige Konkurrenz der jüngeren Geschwister, der Notendruck und zu hohe Erwartungen der Eltern hemmen die Motivation und führen zum Vermeidungsverhalten. Es kommt zum Trödeln, zu Ausweichmanövern bei den Hausaufgaben, zum Hinauszögern des Lernens für Klassenarbeiten und Tests, weil sich das rechenschwache Kind dabei vor unüberwindlichen Hürden befindet.

Da ist es wichtig, gute Kontakte zu dem Lehrer herzustellen, zu Hause und in den Therapiestunden eine Atmosphäre zu schaffen, in der das betroffene Kind ein Gefühl der Geborgenheit, des Verständnisses und Vertrauens erfährt.

Erziehung zur Selbstständigkeit, die von klein auf die Möglichkeit zu eigenen Erfahrungen und Erfolgserlebnissen auf den verschiedensten Gebieten des Alltags ermöglicht, kann auch die Entwicklung zu einer stärkeren Zuversicht auf Erfolge fördern. Innerlich selbständige Kinder resignieren nicht so schnell und sind leichter zu aktivieren bei dem Bemühen Entwicklungsdefizite auszugleichen.

Aus Misserfolgen, Übermüdung und Überforderung können rechenschwache Kinder weitgehend herausgeführt werden, wenn sie ihren aktuellen Möglichkeiten entsprechend in ihrer Ganzheit angesprochen werden.
Das geschieht vor allem beim:

- Lernen mit allen Sinnen
- Lernen durch Sprache
- Lernen durch Bewegung
- Lernen durch Rhythmik.

In meinen Dyskalkulietherapien sind diese Wege des Lernens von zentraler Bedeutung.
Wie wir im letzten Kapitel dieses Buches erläutern, ist es dabei ratsam, von intensiven Phasen des konkreten Handelns zunächst über verschiedene Zwischenstufen mit Übergangsobjekten und erst dann bei wachsendem Verständnis zur abstrakten Mathematik zu führen.

Dabei sollten die übenden Kinder ihre Handlungen und Beobachtungen in Worte fassen, um die Sprache als Mittel des Lernens zu nutzen; zuerst in einer spielerischen, beschreibenden und erst später in der uns gewohnten abstrakten Sprache für Mathematik. Dabei können Handlungen und Vorgänge zeichnerisch, aber auch durch mathematische Symbole festgehalten werden.

Erst wenn alle Sinne harmonisch zusammenarbeiten, kann es zum eigentlichen Zahlenverständnis und zum Prozess des Rechnens kommen. Der Umgang mit Zahlen und Rechenvorgängen wird nun in drei Formen möglich:

- in gegenständlicher Form: Δ Δ Δ Δ
- in hörbarer Sprache: „Fünf“
- in visuell-arabischer Zahlschreibweise:
  12 → 1 Zehner, 2 Einer

(vgl. A. Schulz, Praxisbuch Rechenschwäche, 2003)

Kinder mit einer diagnostizierten Dyskalkulie, ihre Lehrer und Eltern sollten ihre Erwartungen hinsichtlich der mathematischen Leistungen so weit herunterschrauben, dass für das Kind Erfolge sichtbar werden können. Diese entsprechen dann zwar nicht dem Leistungsniveau der Klasse, geben aber dem rechenschwachen Kind die Gelegenheit Ängste und Lernblockaden nach und nach abzubauen. Eine Rechenschwäche verwächst sich nicht von allein!
Durch eine gezielte Dyskalkulietherapie mit ihren vielseitigen Ansatzmöglichkeiten können Entwicklungsdefizite aufgearbeitet, psychische Balancen wieder hergestellt und bisher ungekannte Freude am Umgang mit Zahlen entwickelt werden.

Sind die Voraussetzungen für mathematisches Denken erst einmal geschaffen worden, so findet sich der Weg aus dem Vermeidungsverhalten des rechenschwachen Kindes verhältnismäßig leicht. Bis dahin ist jedoch viel Geduld aller Beteiligten gefordert.

Um das Vermeidungsverhalten der rechenschwachen Kinder bei den mathematischen Hausaufgaben zu verringern, könnte man beachten:

- dass das Kind nach dem Mittagessen eine kleine Ruhe- oder Spielpause einhält;
- dass die Aufgaben möglichst immer zur gleichen Zeit erledigt werden, denn an alles Regelmäßige gewöhnt man sich schnell und hält es besser durch;
- dass das Kind mit einem von ihm bevorzugten Fach beginnt, um sich „warm zu laufen“ und gleich als nächstes die mathematischen Hausaufgaben vornimmt;
- dass es kleine Pausen einlegt mit etwas Bewegung an der frischen Luft und einem Glas Wasser, da die Konzentration durch eine vertiefte Atmung und die Leistung des Nervensystems durch Wasser erhöht wird;
- dass Spannungen vor Beginn der Hausaufgaben abgebaut worden sind;

- dass das Kind nicht verstandene Rechenaufgaben von den Eltern noch einmal auf *unkonventionelle Weise* erklärt bekommt mit Hilfe von Anschauungsmaterial oder Lernübungen, wie Sie diese bei der Dyskalkulietherapie kennen gelernt haben. Ständiges Üben in altgewohnter Weise nützt nichts oder nur vorübergehend, da die mathematischen Zusammenhänge zunächst außerhalb des Vorstellungsvermögens des Kindes liegen.

All diesen Ratschlägen liegt der Gedanke zu Grunde, dass ein enger Zusammenhang besteht zwischen *Motorik – Sinneswahrnehmung – Gleichgewicht – emotionaler Verarbeitung* und *Lernfähigkeit.*

Lassen Sie sich von den folgenden Kapiteln in diesem Sinne anregen zum gemeinsamen Üben mit dem rechenschwachen Kind!

Vom Gleichgewicht

In Band I „Fröhliche Wege aus der Dyskalkulie“ erwähnte ich auf S. 16 kurz das Gleichgewicht als Voraussetzung zur Erfahrung von Räumen und damit zur Bildung mathematischer Vorstellungskraft. Hier möchte ich noch einmal näher auf das Thema eingehen. Die Begriffe „Gleichgewicht“ oder „Balance“ begegnen uns in vielen verschiedenen Bereichen, z. B. in der Physik, in der Chemie, in der Biologie, in der Ökonomie. Wir sprechen auch vom Gleichgewicht der Kräfte in der Politik. Nicht zuletzt gibt es das psychische Gleichgewicht im Sinne von Harmonie, seelischer, geistiger und sozialer Ausgeglichenheit.

Überall in der uns Menschen erfahrbaren Welt besteht die Tendenz zur Erhaltung des bestehenden Gleichgewichts, bzw. eine Neigung dieses wieder herzustellen.

Parallel hierzu finden wir die lebendige Tendenz zur Veränderung, zur Weiterentwicklung und zur Umwandlung.
Denken wir bei Umwandlungen z.B. an Veränderungen der Erbmasse von Lebewesen (Mutationen) im Laufe der Evolution, bei denen die für die biologische Umgebung am besten passenden Individuen ausgewählt werden und so für einen, wenn auch veränderten, Fortbestand der Spezies sorgen.

Die Kräfte des Gleichgewichts dienen der Aufrecherhaltung eines Systems, während die verändernden Kräfte seine Weiterentwicklung bewirken.

Beginnen die Kräfte des ruhenden Gleichgewichts zu überwiegen, so droht Stillstand. Bekommen die umformenden Kräfte das Übergewicht, so droht Unsicherheit und Chaos. Daher müssen sich Stabilität und Veränderungen in einem guten Fluss befinden, um ein übergeordnetes Gleichgewicht herzustellen und zu erhalten.

Gleichgewicht ist also etwas durchaus Lebendiges! Natürliche Abläufe halten uns Lebewesen im Gleichgewicht.

Wie sieht das nun für unsere Kinder aus?

Ganz kleine gesunde Kinder haben noch einen sicheren Instinkt für ihr ganz persönliches Gleichgewicht, zu dem ihre existentielle Bedürfnisbefriedigung sie führt wie: Einatmung – Ausatmung, Hunger – Sättigung, Wachsein – Schlafen, Anspannung – Entspannung, Empfangen von Liebe – Ausstrahlen von Liebe, Weinen – Lachen, Wagemut – Gefühl von Sicherheit, aber auch Gleichgewicht im Sinne von Entwicklungsmöglichkeiten aus ihrem ganz individuellen Potential.

Die SI-Therapeutin Ulla Kiesling sagt in ihrem Buch „Sensorische Integration im Dialog", 2001, hierzu: „Bei gesunden Kindern können wir in den ersten sieben Lebensjahren beobachten, wie sie alles Mögliche unternehmen, um motorisch und kognitiv zu lernen, darüber zu wachsen und zu reifen. Mit Vorliebe suchen sie immer waghalsigere Situationen. Sie bereiten sich u.a. auf eine Grundvoraussetzung für schulisches Lernen vor – auf das Sitzen im Gleichgewicht."
Hat dieser Prozess jedoch nicht ausreichend stattgefunden, so müssen fehlende Reifungsprozesse nachgeholt werden, was häufig durch Bewegung geschehen kann, da diese wiederum an der Hirnreifung teilhat.
So dienen Bewegungsspiele nicht nur dem Erlernen des Ab- und Einschätzens von Raum und Zeit, sondern auch gleichzeitig der Schulung des Gleichgewichts auf dem Wege von außen nach innen. Weitere Maßnahmen, um ins innere Gleichgewicht zu kommen, sind alle Entspannungstechniken.

Physiologisch gesehen entsteht Gleichgewicht beim Menschen:

- durch das Zusammenspiel des Gleichgewichtssinnes in den Ohren, durch die Augen, die unaufhörlich Informationen zur Position des Körpers und der Bodenverhältnisse liefern,

- durch das räumliche Gehör, das die Position des Menschen im Schallfeld und in Beziehung zu anderen Geräuschquellen ermittelt,
- durch Rezeptoren (reizaufnehmende Zellen) an Muskeln, Sehnen und Gelenken, vor allem im Hals, die die Statik des Körpers sowie die Stellung und Spannung der einzelnen Muskeln im Ganzen beobachten und regulieren, sodass es zu Tiefeninformationen kommen kann.

Alle diese Informationen laufen im Schaltzentrum für die Koordination und Steuerung von Bewegungen im Kleinhirn zusammen, welches über den Hirnstamm mit dem Großhirn verbunden ist. Die Informationen dienen der Orientierung im Raum, der Aufrechterhaltung von Kopf- und Körperhaltung in Ruhe und Bewegung und liefern ein dreidimensionales Bild der Lage im Raum.
Nach Forschungen des französischen Arztes, Klang- und Stimmforschers Alfred Tomatis („Das Ohr, die Pforte zum Schulerfolg“) ist der Gleichgewichtssinn normalerweise im 11. Lebensjahr ausgereift. Jedoch in der heutigen Zeit, in der unsere Kinder immer weniger zur Bewegung herausgefordert werden, kann es zu spürbaren Entwicklungsverzögerungen des Gleichgewichtssinnes kommen. Darüber hinaus besteht eine wechselseitige Beeinflussung der Entwicklung des Gleichgewichts von körperlichen, geistigen und seelischen Funktionen.

In der Verarbeitung von Gleichgewichtsreizen zeigt das Nervensystem eine gewisse Reihenfolge: Am leichtesten lässt sich die Stimulation der Bewegungsrichtungen vor-zurück, hinauf-herunter verarbeiten, danach folgt erst die Ausrichtung auf rechts-links. Am schwersten sind Reize in Rotation um die verschiedenen Achsen einzuordnen, was zu bedenken ist, wenn ein Therapeut die Impulse gibt und nicht das Kind selbst. Auch helfen Reize, die vom Kind noch nicht verarbeitet werden können, nicht dabei „Ordnung“ im Gehirn zu schaffen. Hier sind ein langsames Heranarbeiten und viel Vertrauen zum Therapeuten Voraussetzung (vgl. Ulla Kiesling, Sensorische Integration im Dialog, 2001).

Bei Kindern mit einer Rechenschwäche sollten wir den Fokus vor allem auf einige Bereiche des Gleichgewichts richten:

1. Gleichgewicht in Bezug auf sinnliche Wahrnehmungsmöglichkeiten wie Hören, Sehen, Schmecken, Riechen und Tasten.
2. Gleichgewicht im Sinne der körperlichen Fähigkeit, sich unter unterschiedlichen Voraussetzungen gemäß der Schwerkraft im Raum zu halten, sich eigenen und von außen einwirkenden Bewegungen anzupassen.
3. Gleichgewicht in Bezug auf räumliche Orientierung.
4. Natürliches Gleichgewicht im Sinne einer ausgewogenen Ernährung, bei der ein Über- oder Untergewicht vermieden wird und die gesunde Körperwahrnehmung in Bezug auf die Essgewohnheiten von Kindern mit einer Rechenschwäche erhalten bleibt.
5. Das psychische Gleichgewicht, welches durch permanente Misserfolge im Fach Mathematik, durch belastende soziale Erlebnisse im eigenen Umfeld, durch überbehütende oder vernachlässigende Erziehung oder durch zu frühen Leistungsdruck gestört sein kann.
6. Gleichgewicht hinsichtlich Flexibilität im Alltag: der Wechsel verschiedener Aktivitäten, zu denen das Kind sich selbst entschließt und diese wiederum im Wechsel mit Phasen der Entspannung.
7. Gleichgewicht im Umgang mit zu erledigenden Aufgaben, zu denen das Kind aufgefordert wird im Wechsel mit Erholungsphasen.

Im Gleichgewicht sein bedeutet: zufrieden und ausgewogen sein; gerade so viel von etwas zu haben wie man benötigt. Wenn die Natur im Gleichgewicht ist, bietet sie gesunde Böden für eine gute Ernte und gesundes Wasser. Wenn sich ein junger Mensch im Gleichgewicht befindet, schöpft er aus seinem bestehenden Potential, ist ausgeglichen, neugierig auf die Welt, voller Entdeckungsfreude und lernbereit.

Gerät ein Kind in einem oder mehreren Bereichen aus dem Gleichgewicht, so bedarf es der Hilfe. Häufig zieht eine Störung eine andere nach sich. Kinder mit einer Dyskalkulie brauchen die Hilfe von speziellen Fachkräften, da sie nicht in der Lage sind, sich aus eigenen Kräften oder mit Hilfe der Eltern aus ihrer deprimierenden Lage zu befreien.

Zur Beratung und Diagnostik:
Ärzte für Kinder- und Jugendpsychiatrie
Diplom-Psychologen
Psychotherapeuten für Kinder und Jugendliche
Kinderärzte/Fachärzte
Fachlich spezialisierte Pädagogen

Zur Behandlung:
Diplom-Psychologen
Psychotherapeuten für Kinder und Jugendliche
Anerkannte Dyskalkulietherapeuten
Diplom-Heilpädagogen

Zusätzlich:
Kinderärzte/Fachärzte
Ergotherapeuten
Logopäden
Krankengymnasten
Motopäden

Dem Gleichgewicht auf der Spur

Dem gesunden Kind mit genügend Spielraum, liebevoller Zuwendung und anregenden Spielgefährten bieten sich zahlreiche Möglichkeiten, sein Gleichgewicht zu entwickeln, zu stärken und zu stabilisieren.
Das beginnt schon mit dem Wiegen des Kindes, mit dem Tragen auf dem Arm oder in einem Tragetuch, mit dem Krabbeln, den ersten Sitz- und Stehversuchen, den ersten Schritten. Es setzt sich fort mit Reiterspielen auf dem Schoß, dem Schaukeln auf einem Schaukelpferd, einer hängenden Schaukel, in einer Hängematte. Die Entwicklung präziser Bewegungen ermöglicht neue Wagnisse mit dem Gleichgewicht, z.B. das Auf und Ab auf Treppenstufen; das Wippen, Klettern, Rutschen, Drehen und Balancieren auf dem Spielplatz, Hüpfspiele folgen, das Hüpfen mit dem Seil. Auch Ballspiele aller Art fördern den Gleichgewichtssinn des Kindes und erweitern gleichzeitig das Vorstellungsvermögen von Raum und Zeit. Auch beim Schwimmen gilt es, das Gleichgewicht zu halten, beim Rollerfahren, beim Laufen mit Inlinescatern, beim Schlittschuh- oder Rollschuhlaufen, beim Skifahren und Rodeln oder bei vielen Übungen im Sportunterricht.

Zeigen sich jedoch bei einem Kind schon früh Anzeichen von Bewegungsunsicherheiten oder wurde bei einem Grundschulkind bereits eine Rechenschwäche festgestellt, die mit *motorischen* Einschränkungen einhergeht, so sollten diese bewegungsmäßigen Defizite unbedingt bewusst nachgeholt werden.

Gleichgewichtsübungen

Geschult werden: Räumliches Vorstellungsvermögen, organisches Gleichgewicht, Konzentrationsfähigkeit, Mut zur eigenen Körperbeherrschung, Vertrauen zu einem und feinfühlige Einstellung auf einen Partner

Hier geht es zunächst darum, dem organischen Gleichgewicht konzentriert und in Ruhe nachzuspüren:

1. *Der Skispringer*
   Das Kind steht aufrecht, Füße parallel mit kleinem Zwischenraum, die Arme seitlich locker hängen lassend. Nun von den Füßen her aufwärts bis zur oberen Halswirbelsäule den Körper leicht durchspannen. Weiter atmen! In dieser leichten, aber unverkrampften Anspannung, ohne in der Taille abzuknicken – also ohne Hohlkreuz – das Gewicht nach vorn auf die Vorfüße verlagern, sodass sich der durchgestreckte Körper in einer ganz leichten Vorlage (Skispringer) befindet; die Arme liegen durchgestreckt seitlich am Körper an.

- Gewicht zurück zur Mitte geben, Entspannung, Ausatmung, Pause.
- Dasselbe einige Male im Wechsel: Vorlage und zur Mitte zurück. In jeder Stellung eine Weile verharren, um die neue Art des Gleichgewichts nachzuempfinden. Danach Entspannung, Ausatmung, Pause.

- Erneutes Durchspannen des gesamten Körpers, Gewicht auf die Fersen verlagern, der durchgestreckte Körper befindet sich in einer kaum sichtbaren Rücklage.

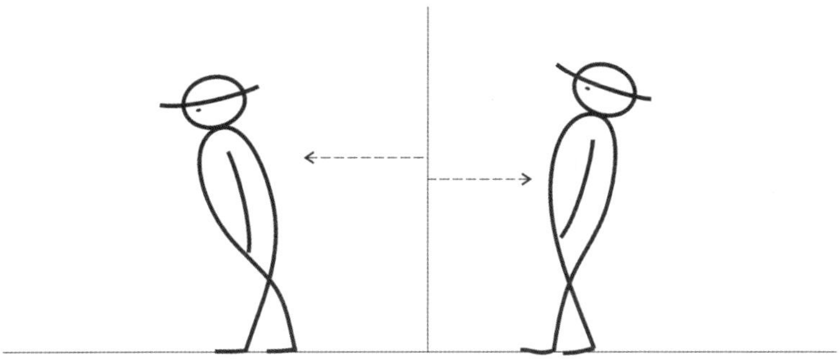

Die durchgestreckten Arme liegen wiederum seitlich am Körper an.

- Auch diese Übung einige Male im Wechsel: Rücklage und zur Mitte zurück. Wiederum in jeder Position eine Weile verharren. Weiter atmen! Danach Entspannung, Ausatmung, Pause.
- Nun werden beide Übungen miteinander verbunden. Ausgangsstellung wie ganz zu Anfang. Durchspannen, Gewicht vorverlagern, zurück zur Mitte, Gewicht zurückverlagern, zurück zur Mitte usw. – wie ein Pendel in ganz langsamer Hin- und Herbewegung. Dabei ruhig weiteratmen.

2. *Der Kreisel*
   Ausgangsstellung in aufrechter Haltung, Füße parallel zueinander mit kleinem Zwischenraum, die Arme hängen seitlich. Den gesamten Körper wieder in eine leichte Anspannung bringen, auch die Arme. Gewicht nach vorn verlagern und ganz langsam kreisend und in jeder neuen Stellung eine Weile verharrend: Gewicht auf den linken Fuß verlagern, auf beide Fersen, auf den rechten Fuß und zuletzt wieder nach vorn. Dabei das Atmen nicht vergessen. Diese langsam kreisende Bewegung über links einige Male wiederholen. Zuletzt mit dem Gewicht zur Mitte zurückkehren. Entspannung, Ausatmung, Pause.

- Dasselbe, aber über rechts kreisen.

Es handelt sich bei diesen Übungen um ganz langsame, bewusst empfundene Gewichtsverlagerungen, bei denen das räumliche Vorstellungsvermögen intensiv geschult wird. Stehen Sie dabei stets zur Hilfestellung bereit!

3. *Das Pendel*
   Gewichtsverlagerungen als Partnerübung: Das Kind und sein Therapeut stehen einander gegenüber, die gestreckten Arme nach vorn, die flachen, hoch gestellten Hände gegeneinander gelegt. Ausgangsposition wieder mit paralleler Fußstellung mit kleinem Zwischenraum und leichter Anspannung des gesamten Körpers. Der Therapeut gibt einen leichten Druck mit den Händen – das Kind verlagert sein Gewicht auf die Fersen wie bei Übung 1. Nun gibt das Kind einen leichten Druck mit den Händen und verlagert sein Gewicht nach vorn, während der Therapeut sein Gewicht auf die Fersen gibt. In jeder Position ein Weilchen verharren und das neuartige Gleichgewicht spüren. So geht es in der Ebene vor-zurück langsam gemeinsam hin und her. Dabei gilt wiederum: Ruhig weiter atmen und nicht in der Taille abknicken! – Zuletzt finden beide Partner zur Mitte zurück und lassen die Arme sinken.

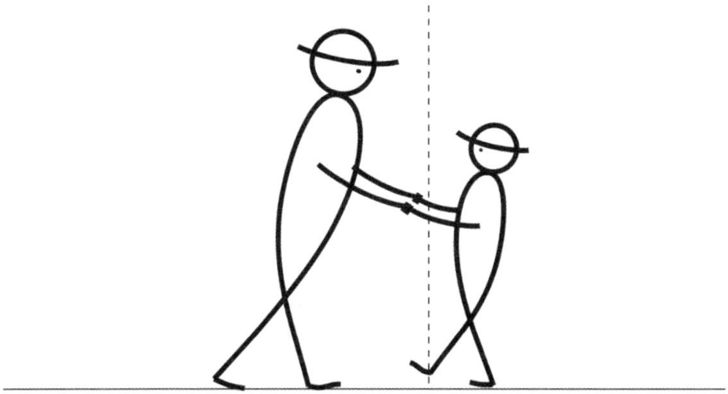

4. Lassen Sie Ihr Kind auf allem, was zur Verfügung steht, balancieren. Das geht zu Hause auch auf einem dicken, am Boden liegenden Seil, am besten barfuß.

5. *Die Seilstraße*
   Zwei lange Seile parallel legen, sodass sie eine ganz schmale „Seilstraße" bilden. Das Kind soll darin entlang vorwärts und rückwärts gehen, ohne die Seile zu berühren oder zu betreten. Dasselbe im Laufen. – Bei größerer Unsicherheit des Kindes kann man zunächst die Seilstraße etwas breiter anlegen und erst nach und nach schmaler gestalten.

6. Auf einem Hüpfball sitzend soll das Kind zum Gleichgewicht finden:
- Mit einem Hüpfball vorwärts hüpfen.
- Nun auch seitwärts und rückwärts hüpfen.
- Im Kreis herum hüpfen.
- Auf dem Ball still sitzend die Füße vom Boden abheben und die Beine nach vorn strecken.

7. Eine aufgeblasene Luftmatratze auf den Boden legen. Das Kind legt sich in Rücken- oder Bauchlage darauf und balanciert sich aus.
- Dasselbe, aber die Luftmatratze schwimmt auf einem Wasser.
- Sie bringen die Luftmatratze durch kleine Anstöße ein wenig zum Schaukeln. Das darauf liegende Kind bemüht sich, das Gleichgewicht beizubehalten bzw. wieder herzustellen.

8. *Die Brücke*
   Das Kind soll auf einem Bein stehen: erst rechts, dann links.
- Partnerübung: Das Kind soll auf dem rechten Bein stehen, das linke gestreckt nach hinten abheben. Der Therapeut hält die nach vorn gestreckten Arme des Kindes unter den Ellenbogen und das Kind beugt den Rumpf vor, sodass es sich in der „Brücke" ausbalanciert. Vielleicht kann der Therapeut die Arme für einen Moment loslassen? – Langsam zurück zur aufrechten Stellung auf beiden Füßen. Nun dasselbe, aber auf dem linken Standbein.

9. Auf einem Bein auf der Stelle oder vorwärts hüpfen.
- Auf einem Bein über ein liegendes Seil vorwärts und rückwärts hüpfen.
- Seitlich hin und her über das liegende Seil hüpfen.
- In allen Spielarten mit dem herum schwingenden Seil springen.

10. Dem schon etwas geübteren Kind ist das Springen auf einem nicht zu stark gefederten Trampolin zugleich ein großer Spaß, eine ausgiebige Gleichgewichtsübung und Förderung im räumlichen Vorstellungsvermögen.

11. Eine große leere Plastiktonne bietet dem mit dem Gleichgewicht schon etwas vertrauteren Kind viele Möglichkeiten, sich mit der Schwerkraft auseinander zu setzen.

12. Reiten und Voltigieren kann Kinder mit unsicherem Gleichgewicht aus ihrer ängstlichen, verkrampften Haltung herausholen, ihr Selbstwertgefühl stärken und im liebevollen Umgang mit dem Pferd sowohl zur organischen wie auch psychischen Balance führen.

Dieses sind nur einige Beispiele von vielen Möglichkeiten. Eines aber gilt für die gewichtsverlagernden Übungen: Sie sollten ohne Hast in voller Konzentration und Ruhe ausgeführt werden; und Ihre in Bereitschaft stehende Hilfe sollte dem Kind ein Gefühl der Sicherheit vermitteln. Denn: „Das Kind, das sich feinsinnig zwischen dem vertrauensvollen Geführtwerden und dem der Eigenverantwortlichkeit ins Lot pendelt, findet auf natürliche Weise zu einer guten Balance“ (Volkmar Glaser, „Eutonie. Das Verhaltensmuster des menschlichen Wohlbefindens“, Haug Verlag).

Relationen: Von der subjektiven Wahrnehmung zur objektiven Erfassung von Gegensätzlichem, Verschiedenem und Gleichem

Relationen zeigen eine Beziehung zueinander, ein Verhältnis zwischen Vorhandenem subjektiver oder objektiver, abstrakter oder konkreter Art. Man kann dabei objektiv beschreibbare Relationen in den Naturwissenschaften unterscheiden von den subjektiven Relationen im Erlebnisbereich, in den Kommunikationsbeziehungen zwischen Ich und Du.
In der Mathematik müssen wir uns an die objektiven, exakt beschreibbaren Relationen halten.

Erst durch die Fähigkeit Gegensätze und Unterschiede bewusst wahrzunehmen, geraten wir in die Lage, uns eine Vorstellung von einer Sache zu machen – ein Abstraktionsvorgang, der häufig Kindern mit einer Rechenschwäche große Schwierigkeiten bereitet.

Am deutlichsten erkennbar im Bereich der Beziehungen sind die Gegensätze. Schon der Säugling macht seine ersten Erfahrungen mit Gegensätzen wie

- hell und dunkel
- warm und kalt
- nass und trocken
- satt und hungrig
- laut und still.

Das Kleinkind lernt in noch sehr subjektiver Betrachtungsweise Unterschiede kennen wie etwa groß und klein. „Groß“ ist für diese Kinder noch etwas gewaltig Großes, „klein“ etwas Winziges. Aber es beginnt ein Prozess des Vergleichens, der sich mit zunehmendem Alter feiner herauskristallisiert. Dabei geht es nicht nur darum eine Sache einzuschätzen, sondern zwei oder mehrere Dinge miteinander in Beziehung zu setzen. Wie stehen sie qualitativ und quantitativ zueinander?

Im Vorschulalter entwickelt sich allmählich im Kind ein Bewusstsein für Qualitäten und Quantitäten. Dieses Bewusstsein für Beziehungen zueinander lässt sich im Dialog mit dem Kind und bei der Feststellung von Tatsachen, die aufeinander folgen, stärken.

Ein Beispiel:
Eine Mutter geht mit ihrem Kind vor das Haus und weist darauf hin:
„Gestern war es im Garten sehr trocken.
Heute Abend regnet es,
morgen wird alles feucht sein
und wir brauchen nicht zu gießen."

In derartigen Zwiegesprächen fühlt sich das Kind hineingenommen in die Welt der Eltern, kann sich ernst genommen fühlen, ist aufnahmebereit und lernt unbemerkt Relationen und ihre logischen Folgen kennen.

Später kann man dazu übergehen Größen, Mengen, Entfernungen und Zeitabschnitte miteinander zu vergleichen, um den Kindern den Eintritt in die Welt der mathematischen Vorstellungen zu erleichtern.

Übungen im Bereich der Relationen

Viele Kinder mit einer Dyskalkulie leiden an einer Schwäche des anschauungsgebundenen Denkens, sodass es ihnen sehr schwer fällt eine Vorstellung zu gewinnen von Zeiteinheiten, Maßen, Gewichten, Größen und ihren Beziehungen zueinander. Visuelle Sinneseindrücke können zeitlich und räumlich nicht eingeordnet werden.
Lassen wir diese Kinder die Dinge, so weit das möglich ist, körperlich erfahren und damit ihre Wahrnehmungsmöglichkeiten vertiefen! Sie werden viel Spaß dabei haben. Beginnen wir mit Gegensätzen.

Gegensätze ...

Gegensätze können dem Vergleich miteinander dienen, z. B.

- Was ist kleiner, was größer?
- Was ist dicker, was dünner?
- Was ist weniger, was mehr?
- Was ist kürzer, was länger?
- Was ist oben, was unten?
- Was ist vorn, was ist hinten?
- Was ist leichter, was schwerer?
- Was ist näher, was weiter entfernt?
- Was ist rechts, was ist links?

Um oben genannte Fragen richtig beantworten zu können, muss das Kind zunächst eine Vorstellung von der Größe der Menge, des Formats, der räumlichen Lage, der Entfernung und des Gewichts der Dinge haben, sowohl von dem einen als auch von dem entgegengesetzten Pol; dann erst kann ein Vergleich angestellt werden.

Bei einem ***Waldspaziergang*** bietet sich die Gelegenheit, dem Kind derart Gegensätzliches zu zeigen, es mit ihm zu untersuchen und schließlich derartige Fragen von ihm beantworten zu lassen. Es wird beginnen, die Dinge auf eine neue Weise zu betrachten, die etwas mit dem Zählen, Messen, Wiegen und der Orientierung zu tun hat.

Stellen Sie sich z. B. in verschiedenen Positionen zu einem Baum auf. Wo stehen Sie: vor, neben, hinter, rechts, links von dem Baum? Wenn sich das Kind zu einem bestimmten Baum stellt, wie verändert sich dann seine Position in Bezug zu einem oder mehreren anderen Bäumen?

Umkreist das Kind einen Baum – wie viele Schritte muss es machen und wie viel Zeit benötigt es dafür?
Nun das Gleiche mit einer ganzen Baumgruppe: umkreisen und abschätzen bzw. mit einer Uhr messen, wieviel Zeit es dafür benötigt. Abschließend die Schrittanzahl und die Umrundungszeiten vergleichen.

Bei diesen Übungen werden nicht nur Relationen ins Bewusstsein gebracht, sondern zugleich ein **Raum-Lage-Empfinden gefordert.** Das Kind muss zunächst seine eigene Körperbeschaffenheit wahrnehmen, muss sich klar darüber werden, wie und wo es sich innerhalb eines Raumes befindet und darüber hinaus in Bezug auf verschiedene Objekte innerhalb dieses Raumes. Sein Wahrnehmungsvermögen für Raum, Zeit und die Beziehungen der Dinge zueinander werden auf fröhliche Weise geschult.

Ein weiteres schwieriges Kapitel für Kinder mit einer Dyskalkulie ist die Beurteilung von Entfernungen und Streckenmaßen.

Beurteilung von Entfernungen und Streckenmaßen

Material: 1 Maßband oder Zollstock, Schultüten oder andere gut sichtbare Markierungen, Packpapier
Geschult werden: Räumliche und zeitliche Orientierung, seriale Abläufe, Schätzvermögen, raum-zeitliches Wahrnehmungsvermögen

1. Das Kennenlernen von Meterstrecken

1a) Mit dem Zollstock die Schrittlänge des Kindes ausmessen

1b) Eine längere Strecke im Abstand von 50 cm jeweils markieren. Das Kind passt seine Schrittlänge neben dieser Strecke genau diesen Abständen an. Es geht die Strecke auf diese Weise mehrfach ab und spricht dabei: „Halber Meter – 1 Meter, halber Meter – 2 Meter usw.“ Große Kinder können versuchen meterlange Schritte zu machen, die sie dann auch zählen.

1c) Dasselbe, aber mit geschlossenen Augen. Sie stehen zur Hilfestellung bereit.

1d) Eine Strecke von 3 m nur am Anfang und am Ende markieren. Mehrfach abgehen lassen und direkt vor dem Ende soll das Kind stehen bleiben. Dabei einen gewissen Rhythmus finden. Ebenso mit einer Strecke von 4 m, 5 m.
Dasselbe mit geschlossenen Augen abgehen und möglichst genau vor dem Ende zum Stehen kommen. Halten Sie sich immer in der Nähe des Kindes zur Hilfestellung bereit, damit es sich sicher fühlt.
Der Übungsplatz sollte frei von Gegenständen sein.

Das Ausmessen der Strecken sollte das Kind selbst übernehmen, Sie helfen nur dabei. Vor dem jeweiligen blinden Abgehen die Strecke genau ins Auge fassen lassen.

1e) Jetzt legen Sie 3 Strecken nebeneinander an mit den Maßen 3 m, 4 m, 5m Länge. Zunächst geht das Kind jede Strecke mehrfach ab und findet dabei jeweils zu einem Rhythmus. Dann soll es die Augen schließen. Sie führen das Kind, das die von Ihnen gewählte Strecke blind abgeht. Bei „Stopp!" soll es stehen bleiben und sagen, welche Streckenlänge Sie gewählt hatten.

So lernt das Kind durch visuelle Erfassung, durch die Füße und bestimmte Rhythmen Längen zu erkennen, kann diese danach besser abschätzen und sich raum-zeitlich etwas darunter vorstellen.

2. Das Kennenlernen von Zentimeterstrecken

2a) Legen Sie einen großen Bogen Packpapier oder dgl. auf eine längere Kommode oder einen langen Tisch. Das Kind markiert mit Ihrer Hilfe am Anfang der Kante 0 5 10 15 20 cm usw. bis 100 cm. Nun nennen Sie Abstände, z.B. „5 cm" oder „10 cm" usw. Das Kind legt die gestreckte linke Hand mit der Handkante auf die 0 und die rechte Hand ebenso auf die genannte Zentimeterzahl. Beide Hände werden angehoben, der Abstand dabei gut eingehalten und betrachtet. Eine ganze Weile werden die Maße auf diese Weise eingeübt.

2b) Sie nennen wiederum derartige Maßaufgaben, und das Kind findet bei geschlossenen Augen mit der rechten Handkante die genannte Zentimeterzahl. Die linke Handkante ruht bei Beginn der Einschätzungen bereits auf der 0. Beide Hände werden angehoben, der Abstand betrachtet und auf seine Richtigkeit geprüft. Das richtige Einschätzen von 50 cm und 100 cm bedeutet schon einen echten Gewinn und erfreut das übende Kind.

3. Das Sicherwerden bei der Umwandlung von Streckenmaßen

3a) Sie betrachten zusammen mit dem Kind die verschiedenen Maße wie mm, cm, dm und m an Gegenständen, um die Unterschiede klarzustellen; es schätzt deren Länge oder Breite und misst sie nach. Sie erläutern, wie weit ungefähr 1 km reicht (z.B. bis zum Kaufmann Frischkost). Vielleicht wandern Sie mit dem Kind 1 km ab. Üben Sie in dieser Weise mit ihm, bis es eine Vorstellung von den verschiedenen Maßeinheiten und ihren Beziehungen zueinander hat. (10 mm = 1 cm, 10 cm = 1 dm, 10 dm = 1 m, 1000 m = 1 km)

3b) Ist diese Vorstellung gewonnen, so kann das **Spiel auf der Treppe** beginnen, um die Umwandlungen von einer Maßeinheit in eine andere zu üben. Dabei ist zu unterscheiden, ob das Kind von einer kleineren Maßeinheit in eine größere umwandelt, (treppaufwärts) oder von einer größeren in eine kleinere Maßeinheit (treppabwärts).
Zeigen Sie dem Kind zunächst folgende Treppenzeichnung, die es am besten einmal zum eigenen Gebrauch abzeichnet.

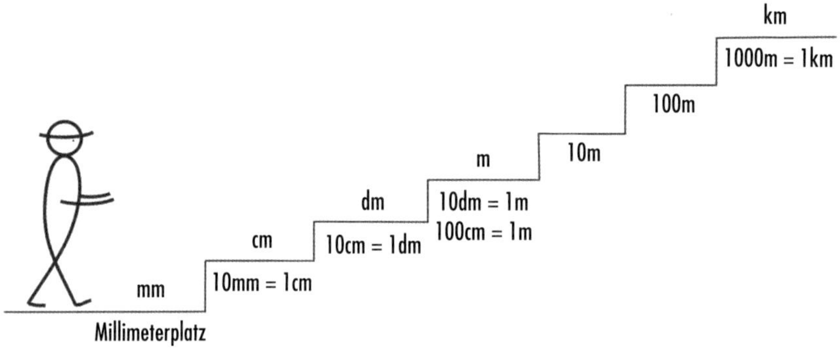

Dabei sieht es, dass der Abstand zwischen den Streckenmaßen jeweils 10 beträgt, jedoch zwischen Meter und Kilometer 1000.

Nun soll das Kind praktisch die verschiedenen Stufen der Streckenmaße kennenlernen. Die Treppe wird zu einer Art *Übergangsobjekt.*

Das Kind steht auf dem „Millimeterplatz" vor der Treppe. Sie fragen: „Wie viele mm brauchst du für 1 cm?" Das Kind steigt 1 Stufe höher und antwortet korrekt: „Ich brauche 10 mm für 1 cm." In dieser Weise geht es weiter bis zu den Metern. Bei der nächsten Frage: „Wie viele m brauchst du für 1 km?", geht das Kind 3 Stufen höher. Bei der ersten dieser Stufen murmelt es „10 m", bei der zweiten „100 m" und bei der dritten Stufe antwortet es korrekt: „Ich brauche 1000 m für 1 km". Das Kind schaut sich seine hohe Position an. – Der Abstand zum Millimeterplatz ist groß geworden! Sie erinnern: „Du stehst jetzt auf dem Kilometerplatz und meine Frage lautet: „Wie viele m hat 0,01 km?" Bei jeder Stufe abwärts verschiebt sich das Komma um eine Stelle nach hinten, bis es verschwindet, dann wird je eine Null angehängt.
Da 3 Stufen abwärts zu gehen sind, heißt die Antwort 10 m. Sie fragen weiter jeweils nach der kleineren Maßeinheit. Das Kind geht bei seinen Antworten je 1 Stufe tiefer bis zum Millimeterplatz. Die Antworten heißen: 100 dm, 1000 cm, 10000 mm. Wiederholen Sie die ganze Übung, bis sich die Maßeinheiten in Verbindung mit den Stufen eingeprägt haben.

3c) Nun können Sie auf und ab Aufgaben stellen: Wie viele mm haben 6 cm? Wie viele km haben 2800 m? Dabei stellt sich das Kind auf die mit einer Zahl genannten Maßeinheitsstufe, geht je nach der Umwandlung 1 bis 3 Stufen hinauf oder herunter und erfährt hierbei ganz deutlich, welche Bedeutung die Nullen haben und wie die Maße zueinander stehen. (6 cm = 60 mm, 2800 m = 2,8 km)

3d) Dasselbe, aber Sie überspringen bei Ihren Aufgaben eine Maßeinheit – z.B.: Wie viele cm haben 2 m? Während das Kind die Stufe der übersprungenen Maßeinheit betritt, murmelt es den Zwischenwert: 20 dm – 200 cm, um sicher das Ergebnis zu finden. Auf diese Weise gelingt es ihm später auch ohne Treppe, rein abstrakt, die richtigen Umwandlungswerte festzustellen.

Koordinationsvermögen als Voraussetzung für motorische und geistige Funktionen

Wir benutzen die Koordination von Körper, Hand und Auge und dem „dahinter geschalteten Gehirn“ auf der Ebene des unterbewussten Gedächtnisses im Alltag selbstverständlich, ohne bewusstes Denken, vertrauend auf ein umfangreiches Erfahrungswissen. Ein Beispiel: Das Einschalten eines Elektroschalters: Wir schauen auf den Schalter, strecken den Zeigefinger aus und drücken darauf. Wir machen uns keinerlei Gedanken über die Entfernung des Körpers zum Schalter oder über den aufzubringenden Fingerdruck. Wir rufen diesen Hand-Auge-Körper-Koordinations-Vorgang in Verbindung mit dem unterbewussten Gedächtnis einfach ab, nachdem wir ihn zuvor schon so oft wiederholt haben („Erfahrungswissen“).

Ein anderes Beispiel: Wir sitzen am Schreibtisch, knüllen ein Blatt Papier zusammen und werfen es in den Papierkorb, der in der Ecke steht. Wir schauen einfach zum Papierkorb und werfen die Papierkugel in diese Richtung, ohne uns Gedanken zu machen über Entfernung zum Papierkorb oder über das Gewicht der Papierkugel. Steht der Korb immer in der gleichen Ecke, ist die Treffsicherheitsquote hoch. Steht er zum ersten Mal allerdings woanders, dann können wir diesen Wurf nicht aus dem Gedächtnis abrufen, weil wir ihn noch nie ausgeführt haben. Die Treffsicherheitsquote sinkt dann erheblich.

Je mehr wir an Erfahrungen mit unserem Körper in Raum und Zeit in unserem Leben angesammelt haben, desto größer ist die Auswahl an gespeicherten und abrufbaren Handlungsvorgängen für Lösungen gestellter Aufgaben.

Vielen Kindern fehlt jedoch ein Automatismus des unterbewussten Gedächtnisses aufgrund von mangelnden tagtäglichen Erfahrungen. Es gilt diese im Spiel, durch sprachliche Zuwendung und Bewegungsübungen anzubahnen und sie dann im Alltag bis zum Automatismus zu integrieren. Je größer das automatisierte Erfahrungswissen ist, und je größer sich das neuronale Verknüpfungsnetz für jeweils bestimmte Bereiche entwickelt hat, sich also ein Fundament für Lern- und Handlungsvorgänge gebildet hat, desto leichter lassen sich weitere Lernvorgänge darauf aufbauen.

Koordinationsprobleme bei taktil-kinästhetischen Wahrnehmungsstörungen*

Bei manchen rechenschwachen Kindern fallen eine schlaffe Haltung und unkoordinierte Bewegungen auf. Diesen Erscheinungen kann ein zu niedriger Muskeltonus zugrunde liegen.

Diese Kinder haben Probleme sich selbst körperlich zu spüren, sich in Ruhe und Bewegung differenziert wahrzunehmen. Dieser Zustand geht häufig einher mit einem verstärkten Verlangen nach deutlichen Berührungsreizen. Durch derartige tiefensensorische Reize (Inputs) kann man eine Erhöhung des Muskeltonus und eine gleichzeitig einhergehende Aufmerksamkeitszunahme erreichen. So kann man nach und nach eine Stabilisierung des Muskeltonus bewirken, die dann erlaubt, auch in grundlegenden mathematischen Bereichen aufbauend zu arbeiten. Speziell für diese Kinder finden Sie u. a. Lernspiele zu Beginn der rhythmischen Übungen in diesem Buch.

* herabgesetzter Wahrnehmungsfähigkeit von Berührungsreizen

Übungen für eine verbesserte Koordination

Material: 1 Ball, Musikkassette oder CD, Dartscheibe oder Zielkaktus, 1 dickes Seil oder Balancierstange

Geschult werden: Gesamtkörper- und Auge-Hand-Koordination, Konzentrationsvermögen, räumliche Orientierung

1. Das Herausführen aus Koordinationsproblemen erfordert viel Geduld. Vor allem gilt: Nehmen Sie Ihrem Kind möglichst keine Handlungen ab, die es schon selbst ausführen könnte, nur um Zeit zu sparen!
   Wenn das Tun des kleinen Kindes auch oft noch umständlich wirken mag, es sammelt dabei sein Erfahrungswissen. Und nur durch die ständig gleiche Begegnung mit den natürlichen Gesetzmäßigkeiten bei wiederholten Handlungen kann dieses Erfahrungswissen automatisiert werden und sich zur Grundlage eines wachsenden Koordinationsvermögens entwickeln.

1a) Manche Kinder haben ihre Krabbelphase übersprungen und damit eine wichtige Etappe auf dem Weg zur Koordination beider Körperseiten. Holen Sie das Krabbeln mit ihm nach!

1b) Krabbeln und dabei einen Ball mit dem Kopf vor sich her stoßen; also immer wieder zum Tiefstand herunterkommen mit Kopf, Armen und Brustkorb.

1c) Vierfüßlerstand, Rücken locker durchhängen lassen. Zur gleichen Zeit rechten Arm nach vorn und linkes Bein nach hinten in die Luft ausstrecken und wieder zurückziehen, nun linken Arm und rechtes Bein ebenso. Im Wechsel fortfahren, am besten mit Musik. Dabei immer zwischen dem sich überkreuzenden Seitenwechsel den Rücken locker durchhängen lassen, damit er sich nicht verspannt und die Bewegungen aufmerksam registriert werden können.

Sehr geehrte Leserin, sehr geehrter Leser,

uns interessieren Ihre ganz persönliche Meinung sowie Ihre Interessengebiete. Beides ist für die zukünftige Arbeit unseres Verlages sehr wertvoll. Vorteil für Sie: Über entsprechende Neuerscheinungen werden Sie regelmäßig informiert. Sie erhalten unsere Bücher im Buchhandel oder direkt beim Verlag.

Diese Karte entnahm ich dem Buch (bitte eintragen!):

Aufmerksam wurde ich durch

- ○ Verlagsprospekt
- ○ Empfehlung meines Buchhändlers
- ○ Empfehlung eines/r Bekannten
- ○ Anzeige
- ○ Schaufensterauslage
- ○ Name des Autors
- ○ Pressebesprechung
- ○ Internetrecherche allg.
- ○ Homepage d. Verlages
- ○ Geschenk

Mein Urteil:

Bitte informieren Sie mich ab sofort über folgende Sachgebiete **(Bitte Absender auf der Rückseite nicht vergessen!):**

- ○ **Psychomotorik / Sport**
- ○ **Kindergarten / Vorschule / Grundschule**
- ○ **Frühförderung / Diagnose**
- ○ **Sonderpädagogik**
- ○ **Geistige Behinderung**
- ○ **Pädagogik/Sozialpädagogik**
- ○ **Ergotherapie/Neurologie**
- ○ **Geriatrie**
- ○ **Sprachtherapie / Logopädie**
- ○ **Pädagogische Psychologie**
- ○ **Psychotherapie / Verhaltenstherapie**
- ○ **Familientherapie / Systemische Therapie**
- ○ **Multimedia (MC, CD, Video)**

1/04

Absender:

Name

Vorname

Beruf

Straße

PLZ/Ort

Ich benötige noch den Katalog:

○ *Frühjahr*

○ *Hauptkatalog*

Bitte freimachen

Antwort/
Postkarte

verlag modernes lernen

borgmann publishing

Hohe Straße 39

D - 44139 Dortmund

2. Haben Sie schon einmal einen Pantomimen eifrig auf der Stelle gehen sehen, sodass es aussah, als ob er schnell vorankäme? Wenn ja, dann zeigen Sie es Ihrem Kind zum Nachahmen auf möglichst geschmeidige Weise.

3. **Die Koordination von Auge und Hand bildet die Grundlage zum Erfassen und Begreifen mathematischer Vorgänge.**

3a) Sie lässt sich mit viel Spaß beim **Zielwerfen** üben, wie ich es schon im Band I beschrieben habe, z.B. auch mit einer Dartscheibe oder einem mehrarmigen Plastikkaktus, auf den Ringe geworfen werden. Jeder Arm zeigt seinen Wert durch eine Zahlmarke an. Zum Schluss wird zusammengerechnet, und der Stolz auf das Endergebnis ist oft auch bei älteren Kindern groß.

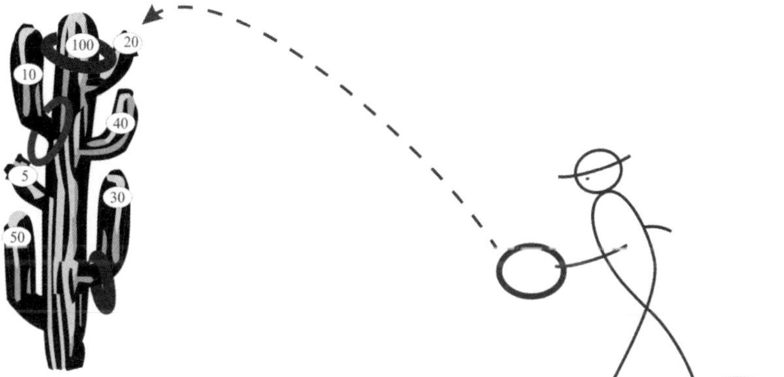

3b) Balancieren auf einem dicken Seil, das auf dem Boden liegt, einem liegenden Baumstamm oder einer Balancierstange. Nebenbei einen Ball prellen und dabei zählen.

3c) Beim Balancieren jeweils nach 3 oder 4 Schritten stehen bleiben, einen Ball hochwerfen und fangen, balancierend weitergehen.

Bei diesen Übungen muss sehr genau geschätzt werden, da das Balanciergerät nicht verlassen werden sollte. Hände und Augen müssen präzise aufeinander abgestimmt sein in ihren Tätigkeiten.

Beherrscht das Kind nach längerem Üben derart kombinierte Balancierübungen, so ist es in seinem Koordinationsvermögen schon ein gutes Stück vorangekommen. Sie werden es ihm bald durch verbesserte mathematische Fertigkeiten im basalen Bereich anmerken können.

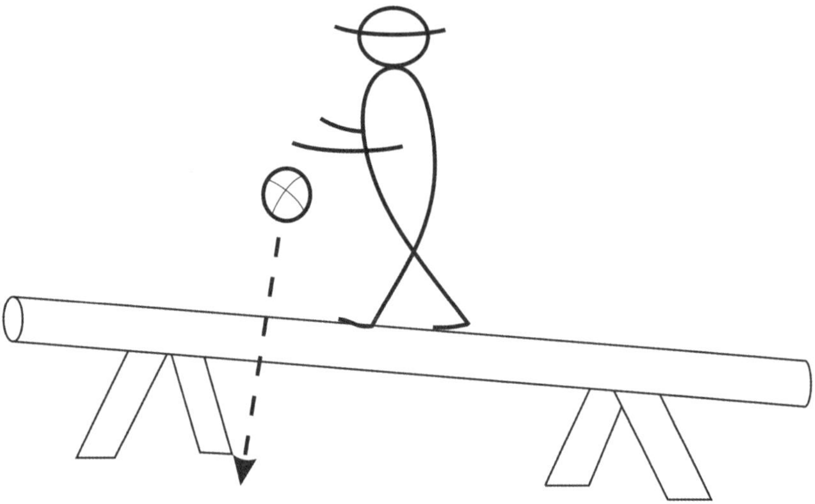

Rhythmik. Alles hat seine Zeit

Von den Lebensrhythmen zu mathematischen Rhythmen

Unser modernes technisiertes Leben bringt es mit sich, dass Jahres-, Wochen- und Tagesabläufe nicht mehr so sicher und fest in bestimmte Rhythmen eingebettet sind. Lebensrhythmen verschwimmen teilweise in der Wahrnehmung der Kinder. Der häusliche Tages- und Jahresablauf vieler Schulkinder enthält nur noch wenige wieder erkennbare Strukturen, in die sie eingebunden sind, um sich darin sicher und wohl fühlen zu können. Das Gefühl der Geborgenheit, welches durch das Wiedererkennen bestimmter Abläufe hervorgerufen wird, fehlt in zu hohem Maße. Wir vermuten, dass auf diese Weise bei manchen Kindern ein Entwicklungsdefizit entsteht bei dem Vermögen, rhythmische und seriale Abläufe zu erfassen oder selbst zu gestalten.

In den ersten Lebensjahren schöpft das Kind seinen Erfahrungsschatz in Bezug auf Rhythmik und Melodie vor allem aus der Musikalität der Sprache seiner Eltern, aus Reimen und Liedern. Fließen Singen und Spielen, Sprechen und Bewegung zu einer Einheit zusammen, so fühlt sich das Kind in seinem Element. Die Aussage des gesprochenen oder gesungenen Wortes ist ihm noch nicht so wichtig wie die Wortmelodie. Daher wird es nicht müde, seine Lieder, Verse und Reigenspiele stets aufs Neue zu wiederholen. (Vgl. R. Patzlaff in „Kinder brauchen Spielräume", 2003)

Die liebevolle Kommunikation mit dem kleinen Kind in dieser Weise ist unendlich wichtig, da Sprache das Vorstellungsvermögen des Kindes fördert und im Gehirn ein Fundament legt für spätere geistige, auch mathematische Leistungen.

Dr. Rainer Patzlaff sagt in der Publikation „Kinder brauchen Spielräume", 2003, von Karl Gebauer und Gerald Hüther dazu: „Zwischen der Bewegungs- und Sinnesentwicklung des Kindes und seiner sprachlichen Entwicklung gibt es äußerst komplexe Zusammenhänge... Sprachentwicklungsstörungen sind kein isoliertes Phänomen, sondern deuten auf tief greifende Störungen der gesamten Entwicklung im Kindesalter. Es geht um ein viel umfassenderes Problem als nur um die Unfähigkeit, Worte richtig auszusprechen oder Sätze korrekt zu bilden."

Bei meiner Arbeit mit rechenschwachen Schülern begegnen mir immer wieder Kinder mit einem erschreckenden Mangel an Vorstellungskraft, der ihnen die Fähigkeit nimmt, einfachste Rechenvorgänge durchzuführen. Während mündlich übertragene Reime, Bewegungsspiele, Lieder und Märchen eine Fülle innerer Bilder und ein natürliches Gefühl für Rhythmen im Kind entwickeln können und somit eine fantasiereiche Vorstellungswelt, legen Fernsehbilder, die von außen auf das Kind zukommen, seine schöpferischen Kräfte lahm. (Vgl. K. Gebauer, Gerald Hüther, „Kinder brauchen Spielräume", 2003, R. Patzlaff) Es kommt zu einem Mangel an Fantasie, Vorstellungskraft und rhythmischem Empfinden, zu der Unfähigkeit sich Zahlenräume vorzustellen oder Serien wie z.B. die Einmaleinsreihen, die dann auch nicht gespeichert werden können. Derart geschädigte Kinder sind nicht in der Lage einfache Rhythmen im Gleichmaß zu klatschen, den Rhythmus einer Melodie bewegungsmäßig aufzunehmen, geschweige denn, sich selbst zum Gehen rhythmisch zu begleiten.

Erinnern wir Erwachsenen uns zunächst einmal selbst an rhythmische Abläufe wie Herzschlag und Atmung, Morgen und Abend, Tag und Nacht, Alltag und Sonntag, Sommer und Winter und lassen wir uns diese ganz bewusst mit unseren Kindern gemeinsam erleben, um das natürliche Gefühl für Rhythmen wieder lebendig werden zu lassen.

Rhythmische Spiele und Übungen machen Kindern Freude, lösen Kinder mit einer Dyskalkulie aus einer gewissen körperlichen und seelischen Erstarrung und können einen Zugang zu mathematischen Vorstellungen bilden. Dieses trifft nach meinen eigenen Beobachtungen auch für Kinder zu, bei denen **eine herabgesetzte Wahrnehmungsfähigkeit von Berührungsreizen** mit großen Schwierigkeiten einhergeht ein Zahlverständnis zu entwickeln. Wenn diese Kinder beim Zählen sich beispielsweise durch Klatschen oder Stampfen mit hoher Energie selbst begleiten, scheinen sie über das Erspüren am eigenen Körper nun auch eine Vorstellung von den jeweiligen Zahlen zu entwickeln.

Was liegt also näher, als durch Rhythmik in die Welt der Zahlen einzutauchen!

Durch Rhythmik in die Welt der Zahlen eintauchen

Material: evtl. eine kleine Trommel oder ein Tamburin, ein langes Seil, Musik im 2/4, 3/4 oder 4/4 Takt.
Geschult werden: Vorstellungsvermögen von Zahlen und Mengen, Wahrnehmungsvermögen von Raum, Zeit und rhythmischen Abläufen, Koordination der Bewegung und des Denkens, Konzentrationsfähigkeit

Hier einige Anregungen:

1. Sie sitzen einander gegenüber und führen vieles gemeinsam aus.

1a) Rhythmisches, ruhiges Hin- und Herwiegen.

1b) Dasselbe und dabei im Dreier- oder im Vierertakt mitzählen.

1c) Wiederholung der letzten Übung, aber nach je einem Takt statt des Wiegens drei- bzw. viermal im selben ruhigen Ablauf in die Hände klatschen. Also: wiegen – wiegen – wiegen / klatschen – klatschen – klatschen usw. im Wechsel.

1d) Noch eine Erweiterung der Übung:
dreimal wiegen / dreimal stampfen / dreimal wiegen / dreimal klatschen usw. im Wechsel.

1e) Nun klatschen Sie dreimal in die Hände oder auf die Knie und fragen das Kind, welches so große Schwierigkeiten mit Zahlvorstellungen hat, wie oft Sie geklatscht haben. Kommt die Antwort noch nicht, so klatschen Sie dasselbe noch einmal. Das Kind soll den kleinen Ablauf wiederholen, zunächst dabei mitzählen, dann ohne zu zählen. – Bald wird es die 3 kennen.

Lassen Sie es an diesem Tag bei der Zahl 3 bewenden und wiederholen Sie diese bei der nächsten Gelegenheit. Erst wenn sie ganz fest in dem Kind verankert ist, lohnt es sich zur nächsten Zahl mit ähnlichen Übungen überzugehen.

1f) Von der Zahl 5 an wird es für das Kind schwieriger. Lassen Sie es, vor allem, wenn es an einer herabgesetzten Wahrnehmungsfähigkeit von Berührungsreizen leidet, mit hoher Energie im Sitzen auf die Oberschenkel klatschen, damit es die Zahlen spürt, sich eine Vorstellung von ihnen machen und sie allmählich im Gedächtnis speichern kann. Dazu auf einer Tafel oder Pappe gut sichtbar die geschriebene Zahl aufstellen (5).

1g) Setzen Sie dynamisch das Wörtchen „und" ein, z.B. bei der 6. Beim Klatschen im ruhigen Ablauf zählen: 1 – 2 – 3 – 4 – 5 **und 6** (betont)! Dann prägen sich Raum, Zeit, Menge und Rhythmus der Zahl nachhaltiger ein.

2. Der Rhythmus einer jeden Zahl kann sich in Körper und Geist einschwingen!

Haben Sie die Zahlen im Zahlraum bis zur 10 so weit wie möglich erarbeitet, so können Sie zu **Ratespielen** übergehen, bei denen auch eine kleine Trommel oder ein Tamburin eingesetzt werden kann.

2a) Sie klatschen durcheinander Zahlen aus dem Zahlraum bis zur 10 und das Kind soll die Zahl sagen oder zuerst nachklatschen und dann nennen; so weit es geht, ohne gezählt zu haben. Meistens ist das nur bis zur 5 möglich.

2b) Sie sagen eine Zahl, das Kind soll sie klatschen oder stampfen. Zuerst darf es mitzählen, später bis zur 5 versuchen, ohne Zählen auszukommen, indem es den ihm bekannten Rhythmus findet.

Auf diese Weise lassen sich noch viele Ratespiele entwickeln. Machen Sie dem Kind die Freude, sich von ihm Aufgaben geben zu lassen. Es wird sich fabelhaft konzentrieren, um festzustellen, ob Sie die Aufgaben fehlerfrei absolvieren.

3. **Rhythmen lassen sich gut mit Bewegungsabläufen verbinden**, um noch intensiver in die Welt der Zahlen einzudringen und seriale Abläufe wie z.B. die 1x1-Reihen vorzubereiten oder einzuüben.

3a) Sie stehen mit dem Kind am Anfang eines längeren Raumes und nehmen mit der Sprache z.B. einen Zweier-Rhythmus auf mit der Betonung auf der **2**: 1 – **2**, 1 – **2**, 1 – **2** usw. Das Kind spricht mit und folgt Ihnen dann in gleichmäßigem Gang zu dem Zweier-Rhythmus durch den Raum. Dasselbe auch im Dreier- oder Vierer-Rhythmus, evtl. mit entsprechender Musikbegleitung.

3b) Dasselbe, aber Sie wiederholen nicht nur 1 – 2, 1 – 2, sondern zählen weiter, wobei jeweils die Ergebniszahlen des 1 x 2 betont werden: 1 – **2**, 3 – **4**, 5 – **6** usw. bis zur **20**. Man kann auch zu den betonten Zahlen einmal in die Hände klatschen oder 1 Takt lang stehen bleiben, zweimal in die Hände klatschen und dabei wie ein Echo die letzten beiden Zahlen wiederholen: 1 – **2** (1 – **2**), 3 – **4** (3 – **4**) usw. oder beim Stehenbleiben einen Ball hochwerfen und fangen, bevor es mit den nächsten Zahlen weitergeht: 1 – 2, ↗ ↘, 3 – 4, ↗ ↘ und die nächsten zwei Schritte einsetzen.

Auf diese Weise können alle Einmaleinsreihen spielerisch eingeübt werden, sowohl vorwärts wie rückwärts.

3c.) Beim Rückwärtsaufsagen und –gehen muss jeweils die erste Zahl betont werden: **20** – 19, **18** – 17, **16** – 15 usw.

Das Zusammenspiel von Rhythmus, Bewegung und dem geistigen Bemühen um das Einmaleins schult das Koordinations- sowie das Konzentrationsvermögen auf intensive und doch spielerische Weise. Eine raum-zeitliche Vorstellung entsteht und die Einmaleinsreihen, die sonst wie durch ein Sieb aus dem Gedächtnis immer wieder verschwanden, bekommen eine Chance gespeichert zu werden.

4. Erste einfache **Additionsaufgaben** lassen sich rhythmisch darstellen und überzeugen auch das sehr rechenschwache Kind.

4a) Sie sitzen einander gegenüber und haben schon einige rhythmische Übungen aus der Gruppe 1 und 2 durchgeführt. Das Kind kennt die Zahlrhythmen bis zur 5.

Der erste Summand besteht nun aus Klatschen auf die Oberschenkel, der zweite Summand aus Klatschen in die Hände und die Summe aus Klatschen in die Hände hoch in der Luft.

2 + 3 = 5

1. Summand	2. Summand	Summe
↓	↓	↓
Klatschen auf die Oberschenkel	Klatschen in die Hände	Klatschen in die Hände hoch in der Luft

Sie begleiten zunächst die Aufgabe sprachlich, während Sie das Klatschen durchführen:

„1 – 2 plus 1 – 2 – 3" Dabei deutlich die beiden Klatscharten und Rhythmen voneinander abheben.

Dann:

„1 – 2 – 3 – 4 – **5**!"

Den schon bekannten Zweier- und Dreierrhythmus deutlich werden lassen und die 5 als Ergebnis betonen.

Nun verschmelzen die beiden Rhythmen zu einem Fünferrhythmus, der nur in die Hände geklatscht wird.

Führen Sie mit dem Kind die ganze Übung gemeinsam durch und schließlich versucht es das Kind allein, aber lassen Sie es im Notfall nicht im Stich!

5. **Subtraktionsaufgaben** lassen sich besser **in Verbindung mit Gehen** bewältigen.

Schicken Sie einige **Additionsaufgaben** voran, um den Gegensatz deutlich zu machen:

5a) Sie stehen nebeneinander am Anfang eines längeren Raumes, gehen beide bis zur 10 zählend vorwärts; halten sich nun an den Händen, gehen rückwärts und zählen mit der 9 beginnend bis zur 0. Dasselbe mehrfach wiederholen, bis das Kind die gedachten Zahlen auf dem Fußboden „sieht".

5b) Die Aufgabe heißt: 4 + 2
Sie sprechen stehend auf dem Nullpunkt mit dem Kind einen Viererrhythmus und einen Zweierrhythmus

1 – 2 – 3 – 4 plus 1 – 2

und gehen dann beide Rhythmen vorwärts, zählen aber nun durch bis zur 6.
Versuchen Sie gemeinsam in den schwingenden Rhythmen zu bleiben!

Ist die Addition auf diese Weise geläufig geworden, so kann zur **Subtraktion** übergegangen werden.

5c) Die erste Aufgabe heißt: 5 minus 3
Sie gehen einen Fünferrhythmus vorwärts. Das Kind soll von dort aus rückwärts gehen in Richtung der 0, um den Rechenvorgang des Abziehens nachvollziehen zu können. Stellen Sie sich einander gegenüber und halten sich bei den Händen. Erwähnen Sie noch einmal, dass sie beide auf der 5 stehen und abziehen wollen; dann wird im Dreierrhythmus rückwärts gegangen und gezählt:

4 – 3 – **2**

5d) Nach einiger Übung können Sie Kettenaufgaben aus Additionen und Subtraktionen auf diese Weise entwickeln, die zu einem vergnügten Hin und Her auf den gedachten Zahlen führen. Das Sprechen der Rhythmen im Stehen kann nach einer Weile wegfallen, falls das Kind in den Zahlrhythmen sicher ist.

6. Es gibt aber auch **größere Kinder** mit Schwierigkeiten im Umgang mit Rhythmen und mathematischen Abläufen.

Mit dem großen Seil, das von 2 Personen geschwungen wird, können Sie es auf sportlich-spielerische Weise lernen, sich in bestimmte Rhythmen einzufinden und Spaß dabei zu haben. Grundvoraussetzung ist, dass das Springen mit dem kleinen Seil beherrscht wird.

6a) Das große Seil wird dicht über dem Boden langsam hin und her geschwungen. Das Kind soll den rechten Zeitpunkt herausfinden, zu dem es loslaufen muss, um über das heranschwingende Seil springen zu können, ohne es zu berühren. Führen Sie die Übung anfangs mit ihm gemeinsam durch, ebenso wie die weiteren. Falls Ihnen der Umgang mit dem großen Seil neu ist, versuchen Sie es ruhig einige Male! Ihr Mut wird ansteckend wirken.

6b) Das Seil wird im großen Kreis herumgeschwungen. Läuft das Kind in dem Moment los, zu dem das Seil auf den Boden schlägt, so kann es bequem unter dem inzwischen hochschwingenden Seil hindurchlaufen.

6c) Das Kind läuft in das kreisende Seil und beginnt in seitlicher Stellung über das Seil zu springen, wenn dieses jeweils unten ankommt. Geschickt läuft es nach einer Weile aus dem kreisenden Seil nach dem letzten Sprung hinaus.

6d) Eine Person steht in der Mitte eines Raumes und schwingt ein Seil auf dem Boden oder dicht darüber im Kreis um sich herum. Das Kind steht auf der äußeren Kreisbahn und springt in einem bestimmten Rhythmus jeweils über das herankommende Seil.

Alle diese Seilübungen gewinnen an Reiz, wenn sich mehrere Kinder daran beteiligen. Sie schulen über die raum-zeitliche Orientierung das Gefühl für Rhythmus. Das Springen im Seil kann von einem Lied begleitet werden wie z.B. „Teddybär, Teddybär....“, sodass das Kind unbemerkt in den richtigen Rhythmus gerät und noch Aufforderungen zu zusätzlichen Bewegungen erhält:

Teddybär, Teddybär, dreh dich um,
Teddybär, Teddybär, mach dich krumm,
Teddybär, Teddybär, heb ein Bein,
Teddybär, Teddybär, geh nun heim!
(oder ... ... , das war fein!)

Von der Anschauung zur Abstraktion

Abstrakt mit etwas umzugehen bedeutet, es rein gedanklich zu erfassen und zu behandeln.

Anschauungsmaterial verschiedenster Art ist für Kinder mit einer Rechenschwäche zunächst sehr wichtig und bleibt es auch erheblich länger als für Kinder ohne Dyskalkulie.
Durch Einsatz der Augen, der Hände, der Füße, des Tastsinnes, des gesamten Körpers und des Gefühls für Rhythmus kann das mathematische Vorstellungsvermögen allmählich gestärkt werden. Während jedoch die meisten Klassenkameraden den Schritt zur abstrakten Vorstellung in mancherlei Bereichen schon geschafft haben, verharren Kinder mit einer Rechenschwäche noch beim Fingerrechnen, unermüdlichen Ab- und Weiterzählen und verfallen häufig ohne Anschauungsmaterial in eine mehr oder weniger verzweifelte Orientierungslosigkeit.
Da tut sich die Frage auf: Wie gelingt beim Rechnen der Übergang von der konkreten zur symbolischen Darstellungsweise, bei der diesen Kindern trotz aller Schwierigkeiten ein inhaltliches Verständnis mathematischer Vorgehensweisen vermittelt werden kann?

Schauen wir uns zunächst das „Kognitive Entwicklungsmodell“ von dem bekannten Entwicklungspsychologen Jean Piaget an, bei dem sich in der 1. Periode bei Kindern von der Geburt bis zum ca. 2. Lebensjahr die *sensomotorische Intelligenz* (Sinneswahrnehmungs- und Bewegungsfähigkeit) entwickelt. In der 2. Periode bei Kindern von ca. 2-4 Jahren das *voroperationale Denken* (Übergang vom bildlichen zum begrifflichen und symbolischen Denken) mit dem beginnenden Spracherwerb und bei Kindern von ca. 4-8 Jahren werden Dinge nach Größe, Gestalt, Farbe sowie Richtungen unterschieden, und zwar ohne dass das Kind sie berührt. Stufe für Stufe muss sich diese Entwicklung aufeinander aufbauen.

Grundsätzlich brauchen Grundschulkinder zunächst etwas Sichtbares als Objekte für Zahlen, um eine Vorstellung von Mengen und ihren Verhältnissen zueinander zu erwerben. Der Übergang zur Erfassung abstrakter Zeichen und Symbole gelingt nur dann, wenn die Kinder an frühere sinnliche und motorische Erfahrungen anknüpfen können. Fehlen dem Kind Erfahrungen in diesen Bereichen, so kann es u.a. auch zur Rechenschwäche kommen. Das Kind kann am effektivsten gefördert werden, wenn man bei der Dyskalkulietherapie gezielt diese Schwachstellen im Auge behält.

Also heißt es bei Kindern mit einer Dyskalkulie zunächst herauszufinden, welche Wahrnehmungs- und Verarbeitungsorgane besonders des Trainings bedürfen und in welchen Bereichen Therapieansätze möglich sind. Dabei gilt es, vorhandene Ressourcen zu nutzen. Defizite in den weniger entwickelten Zentren im Gehirn, die für Rechenvorgänge zuständig sind, müssen so weit wie möglich aufgearbeitet werden. Das kann auf die verschiedenste Weise geschehen.

Bewegungs- und Wahrnehmungsübungen können dem Aufbau von Vertrauen in den eigenen Körper dienen und Voraussetzung sein für abstraktes Lernen, auch im Bereich der Mathematik. Dazu gehören Bereiche wie:

1. die räumlich-visuelle Wahrnehmung
    - die Auge-Hand-Koordination
    - die Figur-Grund-Wahrnehmung
    - die Wahrnehmungskonstanz
    - die Raum-Lage-Wahrnehmung
2. die Gleichgewichtswahrnehmung
3. das Erleben und Verarbeiten von Berührungsreizen
4. die Sprachverarbeitung
5. das Gedächtnis
6. die Abstraktionsfähigkeit.

Bei dieser Erarbeitung von Grundlagen geht es vorrangig um eine harmonische, fröhliche Atmosphäre, in der sich durch spielerische Übungen nach und nach mathematische Vorstellungskräfte bilden können und zunächst nur sekundär um das Lösen von Aufgaben.

Literatur hierfür:

1. Dr. Andreas Schulz bietet in seinem „Praxisbuch Rechenschwäche. Ein Ratgeber für Eltern" eine Fülle von Spielen und Übungen zur Förderung grundlegender Fertigkeiten.

2. Mein I. Band „Fröhliche Wege aus der Dyskalkulie", in dem ich Übungen beschreibe, in denen mathematische Inhalte an Bewegungserfahrungen der Kinder gekoppelt werden.

3. Der Pädagoge Dr. Karl Gebauer und der Hirnforscher Prof. Gerald Hüther erklären mit den Autoren ihres neuesten Buches „Kinder brauchen Spielräume" mit wissenschaftlichem Hintergrund, aber leicht verständlich, die Ursachen von Hirnleistungs- und Entwicklungsstörungen. Sie fordern die Eltern auf, den Kindern mehr eigene Spielräume zu gewähren, in denen diese ihre Kreativität von innen her und ohne Leistungsdruck frei zur Entfaltung bringen können, um auf diese Weise auch der bereits eingetretenen Bildungsmisere entgegen zu wirken.

Bei den nun folgenden Lernspielen und Lernübungen geht es vor allem um eine bestimmte Reihenfolge, einen sinnvollen Aufbau, der schließlich zum abstrakten Rechnen führen soll.

Lernspiele und Lernübungen

a) **Die Basis bilden jeweils mathematische Aufgaben, die mit Anschauungsmaterial gelöst werden und sprachlich zunächst von Ihnen, später von dem übenden Kind begleitet werden.** Denken Sie sich zu den konkreten Handlungen eine kleine Geschichte aus und Sie ziehen das Kind ganz schnell in Ihren Bann.

b) **Den zweiten Schritt bildet der mathematische Umgang mit *Übergangsobjekten*,** bei dem eine erste Annäherung an die Abstraktion erfolgt. Rein gedankliche Vorgänge, die rechenschwache Kinder kaum bewältigen können, fallen ihnen erheblich leichter, wenn sie sich dabei an Objekte mit symbolischem Charakter halten können. So, wie der Teddy kleinen Kindern über die Abwesenheit der Mutter hinweghilft, können Übergangsobjekte auch in mathematischen Zusammenhängen ein gewisses Gefühl der Sicherheit und Orientierung geben. Schultüten mit ihren freundlichen Assoziationen bieten sich z.B. dafür an.

c) Ein schwieriger Schritt führt nun über **den Umgang mit den Symbolen und ihrer Bedeutung zur gänzlich abstrakten Rechenweise.** Der Zahlbegriff muss sich bis dahin in der Vorstellungswelt des Kindes entwickelt haben. Die Zeichen haben keine Ähnlichkeit mehr mit Gegenständen. Es gibt auch keine Übergangsobjekte mehr. „Aufgabe dieser Stufe ist es, die symbolische Darstellung in ihren Bedeutungsgehalt umzusetzen. Es besteht ein fortwährender Entschlüsselungsprozess, so wie eine Operation ausgeführt werden muss. Danach muss dieses Ergebnis wieder verschlüsselt werden." (N. Ramacher-Faasen, Elternratgeber, 2000)

d) Zuletzt sollen mathematische Denkprozesse so eingeschliffen werden, dass es zu einer **Automatisierung** und damit zu einer Entlastung des Gehirns kommen kann.

Übungen zur Zahlerfassung, Addition und Subtraktion

Material: 6 gebastelte Schultüten aus verschieden farbigem Tonpapier, Spielsteine als „Seeleute“, Blumentopfuntersetzer als „Schiffchen“, Würfel, Dominosteine, 1 gebasteltes Pluszeichen und 1 Minuszeichen.

Geschult werden: Raum-Lage-Wahrnehmung, Vorstellung vom Stellenwertsystem, Vermeidung von Zahlendrehern, Relationen, Mengenerfassung, rechnerischer und praktischer Umgang mit Mengen, Schätzvermögen, Feinmotorik.

a) **mit Anschauungsmaterial:** Sie denken sich z.B. eine Geschichte von den Seefahrern aus.

3 Seefahrer (Spielsteine) fahren auf einem Schiffchen (Blumentopfuntersetzer) auf hoher See. Sie stoßen auf 2 Seeleute, die im Wasser um ihr Leben kämpfen und nehmen sie an Bord. Wie viele Seefahrer sind nun im Schiff? (3+2) Schließlich landen sie auf einer Insel und 1 Seefahrer geht an Land. Wie viele sind noch an Bord? (5-1)
Während Sie erzählen, setzt das Kind die Spielsteine in entsprechender Weise. Es wird nicht lange dauern und das Kind übernimmt gern auch den sprachlichen Teil. So übt es sich zugleich im Vorwärts- und Rückwärtszählen, in Addition und Subtraktion wie auch in sprachlicher Gestaltung. Textaufgaben werden ihm später vertraut vorkommen.
Die Geschichte lässt sich beliebig fortsetzen. Andere Geschichten, die ein Lieblingsthema des Kindes beinhalten, können folgen.

b) **mit Übergangsobjekten für das Stellenwertsystem:**

Wir stellen 2 verschieden farbige Schultüten nebeneinander auf den Boden. Das Kind steht in einigem Abstand davor und schaut sie sich an. Sie zeigen ihm die „Einertüte", welche den Platz für die Zahlen 0-9 symbolisiert und die „Zehnertüte", welche für die Zehnerzahlen zuständig ist. (In der gedanklichen Vorstellung sind es jeweils nur einzelne Ziffern.)

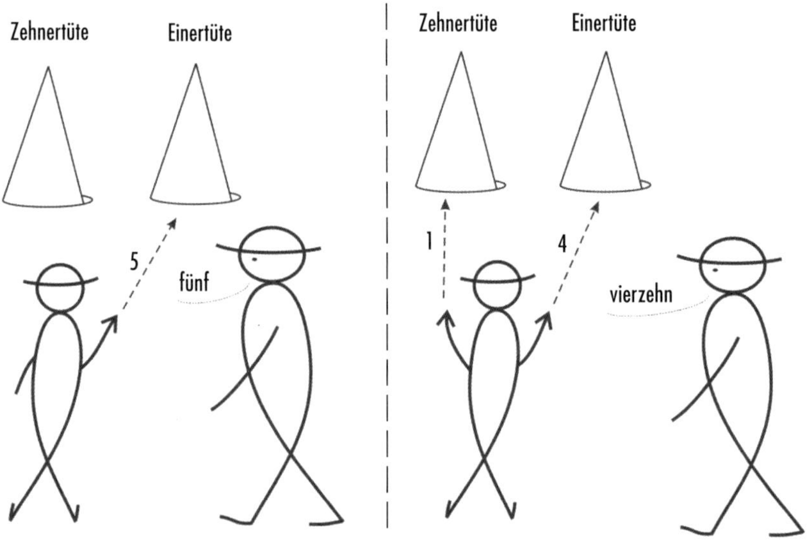

Nun geben Sie dem Kind „Aufgaben", d.h. Sie nennen Zahlen und das Kind soll für jede Ziffer auf die entsprechende Tüte zeigen. Also, bei der Aufgabe 5! zeigt es auf die Einertüte und sagt die Zahl dazu. Bei 14! zeigt das Kind zuerst auf die Einertüte und sagt 4, dann auf die Zehnertüte und nennt die Ziffer 1. Es ist besser, die Einerzahlen vor den Zehnerzahlen zeigen und nennen zu lassen, damit die Kinder sich daran gewöhnen, die Ziffern auch in dieser Reihenfolge von hinten zu schreiben, um Zahlendreher zu vermeiden.

Bei größeren Kindern kann die Anzahl der Tüten beliebig gesteigert werden. Die Anordnung der verschieden farbigen Übergangsobjekte erleichtert dem Kind die Vorstellung von der unterschiedlichen Wertigkeit der einzelnen Ziffern. Sie machen es ihm also leichter, wenn Sie z.B. für die Einertüte stets die Farbe Rot, für die Zehnertüte die Farbe Blau usw. wählen. Die Kinder steigern sich beim Benennen von Zahlen mit ihren Ziffern oft mit großem Spaß bis zu artistischen Höhen. Nehmen wir die Zahl 34.826, die das Kind laut wiederholt.

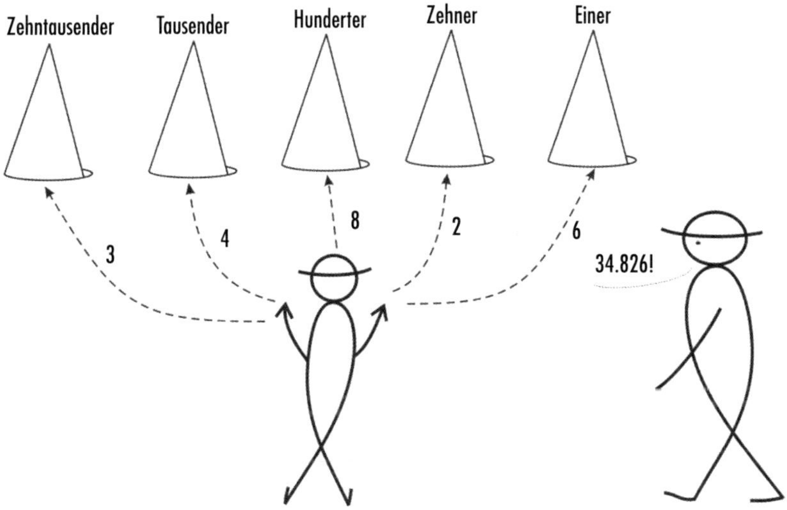

Hier zeigt es zunächst auf die 4 und die 3 (34.000), die 8, die 6 und die 2 (= 826) und wiederholt noch einmal die ganze Zahl 34.826.

Sie können das Spiel mit den Zahlen variieren, indem Sie das Kind um die jeweils zuständige Schultüte laufen lassen, während es die entsprechende Ziffer nennt. Dabei kann es seine räumliche Vorstellung verstärkt schulen.

Addition und Subtraktion mit Übergangsobjekten

In einer Kettenrechnung können Sie den Umgang mit den Stellenwerten vertiefen. Wir beginnen z.B. mit der 4! Das Kind wiederholt die Zahl und zeigt auf die Einertüte. Nun heißt es: + 8! Die Antwort muss jetzt zwar im abstrakten Rechnen gefunden werden, aber da gibt es noch die hilfreiche Zuckertüte als Grenze zum Zehner, also = 12. Das Kind zeigt auf die Einertüte und nennt die Ziffer 2, dann auf die Zehnertüte und nennt die Ziffer 1. Es geht weiter: 12 – 5 = 7. Die Einertüte ist dran. 7 + 93 = 100. Aufgepasst! Die 1 gehört zur Hundertertüte, die Zehnertüte und die Einertüte haben eine 0. Die 0 hat also auch Tüten und somit ihren Wert!

Die Wertigkeit der Nullen muss besonders geübt werden. Es ist daher wichtig, in die Kettenrechnung immer wieder Zahlen mit Nullen im Ergebnis einfließen zu lassen, z.B. 794 + 9 = 803.

c) Zahlerfassung, Addition und Subtraktion in abstrakter Rechenweise

Voraussetzung für den schwierigen Schritt zur abstrakten Rechenweise ist die Kenntnis von den Ziffern und Symbolen und deren Bedeutung.
Kehren wir noch einmal zu den Seefahrern zurück und legen zwischen zwei Schiffchen und ihre Besatzungen ein gebasteltes Pluszeichen (+). Immer wenn das Pluszeichen auftaucht, steigen die Seefahrer zusammen auf ein Boot, taucht das Minuszeichen (-) auf, klettert ein genannter Teil der Seefahrer aus dem Boot und verschwindet. Das Kind spricht die dazugehörige Aufgabe. Es „liest“ die Aufgabe vom Anschauungsmaterial ab:

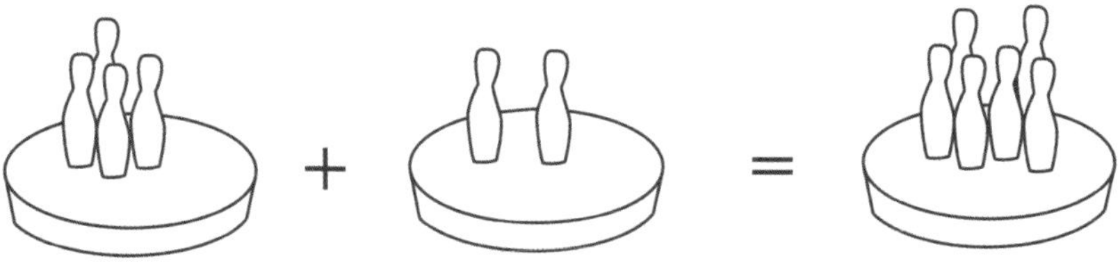

„vier plus zwei gleich sechs.“

Und schreibt nun:

4 + 2 = 6

Die Aufgabe wird also in Sprache umgesetzt, dann in Zahlen und Symbole und schließlich wird deren Bedeutung ausgewertet. Lassen Sie das Kind nacheinander zeichnen, sprechen (ablesen) und die Aufgabe dann mathematisch korrekt aufschreiben und rechnen. Erst wenn sich in der Vorstellung des Kindes die Zahlen mit bestimmten Mengen und die Symbole mit bestimmten Rechenvorgängen verbunden haben, können ihm Additions- und Subtraktionsaufgaben präsentiert werden.
Die Simultanerfassung niedriger Zahlen (mit einem Blick) kann mit Würfeln, Dominosteinen oder Zeichnungen geübt werden.
Weitere gute Möglichkeiten für rechenschwache Kinder hautnah zu einer sicheren Zahlerfassung zu gelangen, liegen im Bereich der Rhythmik.

Schlusswort

Dieses Buch entstand mit dem Wunsch sowohl fördernd als auch vorbeugend zu wirken.

Die Lernübungen sind nur als einzelne Beispiele zu betrachten. Ebenso wie die Übungen im ersten Buch wurden sie in jahrelanger Praxis entwickelt.

Wir hoffen, dass Sie sich davon anregen lassen, selbst weitere Lernübungen und -spiele zu entwickeln, die über eine Vertiefung der Wahrnehmungsfähigkeiten durch körperlich-geistigen Einsatz der Kinder zu besserem mathematischen Verständnis führen können.

Agnes Ebhardt und Frauke Ebhardt

Literatur

Dennison, Paul E. ([11]1996): Befreite Bahnen. VAK Verlag für Angewandte Kinesiologie

Gebauer, Karl / Hüther, Gerald (Hrsg.) (2003): Kinder brauchen Spielräume. Perspektiven für eine kreative Erziehung. Patmos Verlag

Gebauer, Karl / Hüther, Gerald (Hrsg.) ([4]2004): Kinder brauchen Wurzeln. Neue Perspektiven für eine gelingende Entwicklung. Walter Verlag

Glaser, Volkmar ([4]1993): Eutonie. Das Verhaltensmuster des menschlichen Wohlbefindens. Haug Verlag

Kiesling, Ulla ([4]2003): Sensorische Integration im Dialog. Verstehen lernen und helfen, ins Gleichgewicht zu kommen. verlag modernes lernen

Montaigne, Michel de (1995): Essays. Insel Verlag

Piaget, Jean (1975): Gesammelte Werke (Kognitives Entwicklungsmodell). Klett-Cotta Verlag

Ramacher-Faasen, Nicole (2000): Elternratgeber Rechenschwierigkeiten, Dyskalkulie, Rechenschwäche. Dieck Verlag

Ramacher-Faasen, Nicole (1999): Rechenschwierigkeiten – und nun? Ein Praxis-Leitfaden für Lehrer und Therapeuten. Dieck Verlag

Schulz, Andreas (2003): Praxisbuch Rechenschwäche. Ein Ratgeber für Eltern. Urania Verlag

Tomatis, Alfred ([4]2004): Das Ohr, die Pforte zum Schulerfolg. Schach dem Schulversagen. verlag modernes lernen

Anhang

Testbogen für Grundschullehrer zur Diagnostik der Grobmotorik, um eine Tendenz zur Dyskalkulie (Rechenschwäche) frühzeitig feststellen zu können

Vorwort

Lange Zeit wurde die Rechenschwäche mit mangelnder Begabung im Bereich Mathematik gleichgesetzt. Inzwischen weiß man, dass Rechenschwäche in den meisten Fällen durch Teilleistungsstörungen im Gehirn verursacht wird. Ob und welche Teilleistungsstörungen vorliegen, muss sorgfältig durch Fachleute diagnostiziert werden. Teilleistungsstörungen können optische und akustische Wahrnehmungsstörungen, Raum-Lage-Unsicherheit, Auge-Hand-Koordinationsstörungen und nicht zuletzt Gleichgewichtsunsicherheiten sein.

Bei meiner therapeutischen Arbeit mit rechenschwachen Kindern habe ich beobachtet, dass bei ihnen häufig gleichzeitig Bewegungsauffälligkeiten zu finden sind.

Daher halte ich es für sinnvoll, Kinder, die in den ersten Grundschuljahren Probleme im Rechnen bei sonst durchschnittlicher bis überdurchschnittlicher Intelligenz haben, auch gleich auf Bewegungsauffälligkeiten hin zu untersuchen. Denn Unsicherheiten im Körpergefühl und in der Lage des Körpers im Raum müssen vor dem Beginn der Arbeit mit Mengen und Zahlen behandelt werden (oder zumindest gleichzeitig).

Zur Überprüfung dieser Seite der Dyskalkulie habe ich einen Testbogen entworfen.
Die Diagnostik der Begabung und der evtl. Teilleistungsschwächen wird durchgeführt von Psychologen, Psychologischen Beratungsstellen und Jugendpsychiatrischen Einrichtungen.

Dem betroffenen Kind, den Eltern, dem Mathematiklehrer und der Klassengemeinschaft kann viel Leid erspart werden, wenn die Dyskalkulie des Kindes frühzeitig erkannt und durch außerschulische Dyskalkulietherapie individuell und ganzheitlich behandelt wird.

Die Behandlung der Dyskalkulie wird von Dyskalkulietherapeuten oder von Psychologen, Heilpädagogen und Sozialpädagogen mit einer Zusatzausbildung in Dyskalkulietherapie durchgeführt.

Name der Kindes: .... Alter: ....

Geburtstag: ....

Eltern: ....

Anschrift: .... Tel.: ....

Schule: .... Klasse: ....

Name der Lehrerin/ des Lehrers: ....

Fragestellungen

I. Wirkt das Kind ungeschickt und steif? Führt es staksige Bewegungen aus?	ja ☐	nein ☐
Verhält es sich hektisch in seinen Bewegungen, um seine Ungeschicklichkeit zu kompensieren?	ja ☐	nein ☐
Fällt eine gestörte Bewegungskoordination auf ohne fließende Bewegungsabläufe und -übergänge, vornehmlich auch beim Gang?	ja ☐	nein ☐
II. Hat das Kind Schwierigkeiten bei der Raum- und Zeitorientierung?	ja ☐	nein ☐
III. Zeigt das Kind Schwierigkeiten im Umgang mit dem Gleichgewicht?	ja ☐	nein ☐
IV. Ist das Kind in der Lage Überkreuzbewegungen auszuführen?	ja ☐	nein ☐
V. Hat das Kind Sinn für Melodie und Rhythmus, rhythmische Abläufe (Serialität)?	ja ☐	nein ☐

(vgl. N. Ramacher-Faasen, Rechenschwierigkeiten – und nun? 1999)

Vermutliche Diagnose:

....

....

....

....

Übungen

Testübungen zum Thema I:
Gestörte Bewegungskoordination, Hektik, Ungeschicklichkeit

1a) Gerade auf einen Gegenstand zugehen, ihn umkreisen und direkt auf den Ausgangsplatz zurückgehen.

1b) Dasselbe im Laufen ohne anzuecken.

2. Im Slalom um mehrere gleichartige Gegenstände gehen/laufen, dabei unter Einbeziehung der Arme jeweils in die Kurve legen.

3. Zwei lange Seile parallel zueinander auf den Boden legen, sodass sie eine schmale Straße bilden. Auf dieser „Straße" entlanggehen/-laufen, ohne die Seile zu berühren oder zu übertreten. Dasselbe rückwärts.

4. Seitlich der „Seilstraße" stehen, das Gesicht ihr zugewandt. Mit geschlossenen Füßen bzw. auf einem Bein über das 1. Seil in die Straße hineinhüpfen, über das 2. Seil wieder hinaus.

5. Um die eigene Achse drehen im Stehen/Liegen.

6. Einen Kreis gehen ohne Angabe eines Mittelpunktes oder eines Radius'.

7. Im Vierfüßlergang gehen in guter Koordination von Armen und Beinen.

Testübungen zum Thema II: Schwierigkeiten bei der Raum- und Zeitorientierung, beim Richtungshören, beim Einschlagen von Bewegungsrichtungen

1. Eine kleine Strecke vorwärts gehen, dieselbe Strecke rückwärts, im Wechsel, dabei zu einem Rhythmus finden. Auch in zwei gegenüberstehenden Reihen möglich, gemeinsamen Rhythmus finden.

2. Die Kinder stehen im Kreis mit dem Gesicht zur Mitte ohne sich anzufassen. Musikalische Begleitung. Alle gehen zur Kreismitte, 1/4 Drehung nach rechts, im kleinen Kreis vorwärts gehen, 1/4 Drehung über rechts nach außen, zurück zur großen Kreisbahn gehen, 1/4 Drehung nach links, eine kleine Strecke rückwärts gehen auf der großen Kreisbahn, zuletzt eine ganze Drehung um die eigene Achse mit erhobenen Armen. Die Testperson macht es vor und geht mit.

3. Einzeln eine kleine Strecke blind auf eine Testperson zugehen, die das Kind in Empfang nimmt.

4. Das Kind sitzt mit geschlossenen Augen auf einem Gegenstand. Es wird aus einer Ecke des sonst ruhigen Raumes angesprochen. Aus welcher Richtung kommt die Sprache?

5a) Je zwei Kinder stehen einander gegenüber in einem zunächst kleinen, dann größeren Abstand. Genaues Zuwerfen eines Balles, sodass dieser möglichst nicht (auf den Boden) fällt und präzises Auffangen.

5b) Genaues Zuprellen.

6. Mit dem Ball in einen kleinen Kreidekreis am Boden treffen aus geringem Abstand, aus größerem Abstand oder in eine kleine Kiste zielen.

Testübungen zum Thema III: Schwierigkeiten mit dem Gleichgewicht

1. Auf einem Bein stehen: rechts/links.
2. Barfuß auf einem am Boden liegenden Seil balancieren.
3. Von der Seite auf einen niedrigen Balken/eine umgedrehte Bank steigen, oben ausbalancieren, vorwärts herunterspringen.
4. Auf einem niedrigen Balken/einer umgedrehten Bank entlang balancieren.

Testübungen zum Thema IV: Überkreuzbewegungen

Ist die *linke Gehirnhälfte dominant* wie bei der Mehrheit der Menschen, *so benutzt man vornehmlich die rechte Hand und das rechte Auge*, während man bei Dominanz der rechten Hirnhälfte vornehmlich die linke Hand und das linke Auge einsetzt. Nach Dr. Paul E. Dennison („Befreite Bahnen", 1996) bestehen bei Dominanz der linken Hemisphäre wenig Lernprobleme, während bei Dominanz der rechten Hemisphäre und bei Kreuzdominanzen (rechtes Auge – linke Hand oder umgekehrt) das Lernpotential häufig nicht voll ausgeschöpft wird, es kommt hier leicht(er) zu Teilleistungsstörungen.

Test zur Bestimmung des dominanten Auges

Eine Pappe mit einem Loch in der Mitte wird mit ausgestreckten Armen so vor den Körper gehalten, dass das Kind mit beiden Augen auf ein festes Objekt oder ein X auf einer Tafel blicken kann. Es soll nun die Pappe in Richtung Gesicht ziehen und dabei das Objekt immer im Blick behalten. Dabei zeigt es sich, ob das Kind die Pappe vor das rechte oder das linke Auge zieht. Nun brauchen Sie nur noch zu erfragen, ob es Rechts- oder Linkshänder ist, um eine gleichseitige oder Kreuzdominanz festzustellen.

rechtes Auge	☐	– rechte Hand	☐
linkes Auge	☐	– linke Hand	☐
rechtes Auge	☐	– linke Hand	☐
linkes Auge	☐	– rechte Hand	☐

Testübungen zum Thema IV: Überkreuzbewegungen

Wählen Sie Überkreuzbewegungen, die schnell automatisiert werden können und begleiten Sie diese möglichst mit Musik.

1. Im Stehen tippen rechte Hand und linkes Knie im Wechsel mit linker Hand und rechtem Knie aneinander – eine erweiterte Gehbewegung.

2. Im Stehen schwingt im Wechsel der rechte Arm gestreckt nach vorn, das linke Bein gestreckt nach hinten und umgekehrt – Kopf oben lassen!

3. Im Stehen schwingt im Wechsel das rechte Bein gestreckt nach rechts zur Seite, der linke Arm gestreckt nach links zur Seite und umgekehrt.

Für die Überkreuzbewegungen ist ein harmonisches Zusammenspiel der beiden Hemisphären sowie eine gewisse Raumorientierung in den drei Dimensionen nötig.

Testübungen zum Thema V: Sinn für Melodie, Rhythmus, Serialität

1a) Einen einfachen Rhythmus im Viervierteltakt nachklatschen lassen, z.B. ||: ♩♩♩♩ | 𝅗𝅥 𝅗𝅥 :||

1b) Nun etwas schwerer: ||: 𝅗𝅥 ♫ ♩ ♫ | 𝅗𝅥 𝅗𝅥 :||

2. Vier Schritte vorwärts gehen, dazu viermal klatschen ||: ♩♩♩♩|

   (= 1.Takt), beim 2. Takt stehen bleiben und zweimal klatschen

   | 𝅗𝅥 𝅗𝅥 :||

   Dieses mehrmals im Wechsel.

3. Mit einem Ball in den Händen drei Schritte vorwärts gehen, dann zur geschlossenen Stellung Fuß heranziehen; bei den zwei halben Noten zweimal den Ball hochwerfen und fangen.

4. Nach der Melodie eines bekannten Kinderliedes dürfen alle Kinder sich frei im Raum bewegen und dazu singen. Bei dem freien Umeinander-Gehen lassen sich gleichzeitig Raum- und Zeitorientierung, Geschicklichkeit, Bewegungskoordination und Gleichgewicht testen.

Robby Sacher
Handbuch KISS KIDDs
Entwicklungsauffälligkeiten im Säuglings-/Kleinkindalter und bei Vorschul-/Schulkindern – Ein manualmedizinischer Behandlungsansatz
◆ 2004, 176 S., Format 16x23cm, fester Einband, ISBN 3-8080-0560-2, Bestell-Nr. 1159, € 19,95

Erhard Fischer
Welt verstehen – Wirklichkeit konstruieren
Unterricht bei Kindern und Jugendlichen mit geistiger Behinderung
◆ 2004, 272 S., Format 16x23cm, br, ISBN 3-86145-266-9, Bestell-Nr. 8406, € 21,50

Kerstin Gebauer
Fördern durch Gestalten
Mehrfach behinderte SchülerInnen arbeiten mit Ton
◆ 2004, 108 S., Format 16x23cm, br, ISBN 3-8080-0524-6, Bestell-Nr. 3639, € 15,30

Wolfgang Hesse / Katharina Prünte
Sensorische Integration für schizophrene Patienten
Theoretische Grundlagen – Therapiekonzept – Erfahrungen
◆ 2004, 256 S., Format 16x23cm, br, ISBN 3-8080-0551-3, Bestell-Nr. 1057, € 21,50

Barbara Giel / Monika Tillmanns-Karus
Kölner Diagnostikbogen für Myofunktionelle Störungen
Mit Handanweisung
◆ 2004, 32 S. (inkl. 7 S. Formular-Kopiervorlagen), Format DIN A4, Ringbindung, ISBN 3-8080-0556-4, Bestell-Nr. 1924, € 15,30

Regina Leupold
Zentrale Hörwahrnehmungs-Störungen
Auswirkungen und Erfahrungen – Ein Ratgeber für Betroffene, Eltern und Therapeuten
◆ 3., verb. u. erw. Aufl. 2004, 232 S., Format DIN A5, br, ISBN 3-8080-0541-6, Bestell-Nr. 1907, € 15,30

Silvia Maaß
Mit Kindern Bilder zaubern
Betrachtungen und Anregungen zum Bildgestalten mit Kindern
◆ 2., verb. u. erw. Aufl. 2004, 208 S., farbige Abb., Format DIN A5, br, ISBN 3-8080-0557-2, Bestell-Nr. 1219, € 15,30

Wir bringen Lernen in Bewegung® ...

Dieter Krowatschek
Schokolade für die Seele
Tröstliche Geschichten für Lehrkräfte und Eltern von ADHS-Kindern
◆ 2004, 120 S., mit schwarzweißen Fotos, Format 11,5x18,5cm, fester Einband, ISBN 3-86145-260-X, Bestell-Nr. 8331, € 15,30

Ingeborg Milz
Rechenschwächen erkennen und behandeln
Teilleistungsstörungen im mathematischen Denken neuropädagogisch betrachtet
◆ 6., völlig neu bearb. Aufl. 2004, 392 S., Format 16x23cm, fester Einband, ISBN 3-86145-272-3, Bestell-Nr. 8005, € 21,50 bis 30.9.04, danach € 25,50

Rainer Wassong / Anja Laufer
Von Morgenrot bis Abendbrot
Spielideen für den Alltag mit Kindern von früh bis spät
◆ Nov. 2004, ca. 156 S., Format 16x23cm, Ringbindung, ISBN 3-8080-0558-0, Bestell-Nr. 1058, € 15,30

Sabiene Fenske-Deml
Manual für die Durchführung des staatlich anerkannten Examens in der Ergotherapieausbildung
◆ Okt. 2004, ca. 80 S., Format DIN A5, Ringbindung, ISBN 3-8080-0544-0, Bestell-Nr. 1049, € 15,30
• In gleicher Ausstattung bereits erschienen:
• Manual Praktika, B 1047, € 15,30
• Manual Prüfungen, B 1048, € 15,30

Phillipp Ziegler / Tobey Hiller
Verliebt, verlobt und dann ...?
Paartherapie – lösungsorientiert
◆ 2004, 320 S., Format DIN A5, fester Einband, ISBN 3-86145-261-8, Bestell-Nr. 8332,€ 22,50

Christine Leutkart / Andreas Leutkart
Schachtelfresser und Sonnenwürmer
Geschichten und Phantasien als Anlass für kreatives Gestalten in Atelier und Kunstunterricht
◆ Okt. 2004, ca. 160 S., farbige Gestaltung, Format 16x23cm, fester Einband, ISBN 3-8080-0550-5, Bestell-Nr. 1212, € 21,50

3/04 / 30.6.04

verlag modernes lernen *borgmann publishing*
Hohe Straße 39 • D-44139 Dortmund • Tel. (0231) 12 80 08 • FAX (0231) 12 56 40
Unsere Bücher im Internet: www.verlag-modernes-lernen.de